Ronald Chow

Investigação de estudantes: Experiência numa escola secundária canadiana

Ronald Chow

Investigação de estudantes: Experiência numa escola secundária canadiana

ScienciaScripts

Imprint
Any brand names and product names mentioned in this book are subject to trademark, brand or patent protection and are trademarks or registered trademarks of their respective holders. The use of brand names, product names, common names, trade names, product descriptions etc. even without a particular marking in this work is in no way to be construed to mean that such names may be regarded as unrestricted in respect of trademark and brand protection legislation and could thus be used by anyone.

Cover image: www.ingimage.com

This book is a translation from the original published under ISBN 978-620-2-04970-2.

Publisher:
Sciencia Scripts
is a trademark of
Dodo Books Indian Ocean Ltd. and OmniScriptum S.R.L publishing group

120 High Road, East Finchley, London, N2 9ED, United Kingdom
Str. Armeneasca 28/1, office 1, Chisinau MD-2012, Republic of Moldova, Europe
Printed at: see last page
ISBN: 978-620-8-20547-8

Índice

Capítulo 1

A experiência memorável da investigação publicada sobre o desenvolvimento dos adolescentes

Ronald Chow

Crescent School, Toronto, Ontário, Canadá

O sistema educativo tem sido uma componente fundamental do desenvolvimento dos adolescentes, quer seja através da aprendizagem tradicional, de programas de tutoria entre pares ou de programas específicos por objectivos. A produção de publicações científicas dos alunos da Crescent School ofereceu uma oportunidade única de aprendizagem experimental, em que os alunos não só aprenderam sobre a conceção de estudos, recolha de dados, análises estatísticas e redação de manuscritos, mas também lições valiosas de ética de trabalho, competências organizacionais e competências interpessoais. Os alunos citaram a experiência como uma experiência memorável durante o seu desenvolvimento adolescente.

Correspondência: Ronald Chow BMSc(C), Crescent School, Toronto, Ontário, Canadá. Correio eletrónico: rchow48@uwo.ca

Introdução

O sistema educativo canadiano, em constante evolução, teve sempre o mesmo objetivo em mente: proporcionar um ambiente propício ao desenvolvimento dos estudantes no que diz respeito aos aspectos académicos, desportivos, outras actividades co-curriculares e competências sociais complementares. O aspeto académico nas escolas canadianas tem sido frequentemente ensinado aos alunos através do ensino tradicional em sala de aula (1). A tutoria entre professores e alunos e entre pares, quer se trate de tutoria para a mesma idade ou para outras idades, também provou ser um complemento académico útil (2-5). Os novos programas de tutoria interpares em linha também provaram ser eficazes para ajudar os alunos durante a sua experiência educativa (1,6).

De forma altruísta, os professores e investigadores documentaram as práticas actuais, na esperança de melhorar o sistema e, em última análise, o desenvolvimento dos alunos. Quer seja através da exploração do currículo atual e dos planos de aula dos professores (7), da identificação de casos únicos e da revelação de técnicas bem sucedidas (8), ou mesmo da análise de mecanismos de sobrevivência dos professores em situações de stress (9), o objetivo permaneceu o mesmo - partilhar conhecimentos e conclusões com a comunidade científica. A investigação realizada analisou e continuou a oferecer novas sugestões para fomentar um "melhor" desenvolvimento. Embora seja importante reconhecer a força dos estilos tradicionais de ensino, foram também criados outros programas nas instituições para promover um maior desenvolvimento dos alunos. Alguns programas foram desenvolvidos para formar e aperfeiçoar as capacidades de liderança dos alunos (10), e outros têm como objetivo promover um estilo de vida saudável e o bem-estar através de aulas de educação física e de saúde (11).

Está provado que a aprendizagem pela experiência é um método holístico de aprendizagem (12). Na Crescent School, uma escola independente só para rapazes em Toronto, no Canadá, uma carteira de dinheiro real proporcionou aos alunos do ensino secundário uma aprendizagem experimental em matéria de investimento. Os alunos também receberam orientação e apoio para realizar projectos de investigação que deram origem a publicações em revistas especializadas. O objetivo deste comentário é analisar o processo utilizado pelos alunos para as publicações e o impacto da experiência no desenvolvimento dos adolescentes.

Projectos de investigação

Há vários anos que os alunos da Crescent School realizam projectos de investigação estudantil, de acordo com o currículo estabelecido pelo Departamento de Ciências da escola. Durante o ano letivo de 2015-2016, um grupo de investigação teve como objetivo desenvolver um estudo prospetivo e, posteriormente, publicar em revistas científicas. O grupo foi submetido a um processo de investigação simplificado, respeitando os processos observados em instituições de investigação de renome.

Sob a supervisão de um membro do corpo docente, o grupo de investigação trabalhou para coordenar todas as variáveis necessárias ao estudo - equipamento, localização, sujeitos de investigação, bem como ajudantes para a realização do estudo. Um estudante de estatística analisou então os dados recolhidos, com um membro do corpo docente a verificar novamente as análises. O grupo de investigação trabalhou então para escrever um rascunho de um manuscrito, com as conclusões anexas, antes de o enviar ao professor supervisor e a vários outros funcionários da escola. Após várias revisões e a aprovação de todos os membros, o grupo de investigação procedeu à apresentação do manuscrito a uma revista.

O processo acima referido de conceção do estudo, recolha de dados, análise estatística e redação do manuscrito foi aplicado de forma semelhante a quatro outros estudos realizados por grupos de investigação da escola. As publicações resultantes da versão simplificada do processo de investigação serviram de experiência de aprendizagem para os alunos.

A nossa investigação

Seis publicações resultaram de grupos de investigação da Crescent School, duas das quais resultaram de um projeto de investigação científica (11,13), duas outras de um sistema de tutoria em linha entre pares (1,6) e outras duas de estudos baseados em interesses sobre a utilização de capacetes (14) e o Centro de Bem-Estar da escola, que foi aceite para publicação.

Os dois trabalhos do projeto de investigação científica abordaram a aptidão académica e física, e a aptidão física em relação ao tempo, levando quatro e seis meses a concluir, respetivamente. Os três alunos exploraram a técnica de conceção de um estudo prospetivo, aprendendo posteriormente sobre a recolha de dados, métodos de análise estatística e redação de publicações.

O primeiro de dois estudos relativos a uma tutoria de pares em linha na Crescent School detalhou o estabelecimento num breve comentário (1), e o segundo serviu de documento para divulgar os resultados da avaliação do novo programa. Da mesma forma, a experiência proporcionou a oportunidade de aprendizagem para os dois estudantes envolvidos, particularmente no domínio do comentário curto.

Os dois estudos de interesse baseados na utilização do capacete e no Centro de Bem-Estar assumiram a forma de um estudo retrospetivo e prospetivo, respetivamente. O projeto foi executado pelos mesmos três estudantes do projeto de investigação científica; permitiu uma maior experiência no desenvolvimento e execução de estudos prospectivos, ao mesmo tempo que ofereceu uma oportunidade para aprender e conceber um estudo retrospetivo.

Discussão

As seis publicações constituíram uma oportunidade única de aprendizagem experimental para os estudantes envolvidos. Permitiu-lhes aprender e experimentar a conceção de estudos, tanto retrospectivos como prospectivos, e a redação de pequenos comentários. A produção das publicações proporcionou uma experiência valiosa que, de outro modo, não seria vivida na escola. Os estudantes também foram submetidos aos mesmos padrões que outros investigadores, integrando-os "no mundo real" e ajudando-os a desenvolverem-se até à idade adulta. Talvez igualmente importante, a adesão a padrões mais elevados testou, entre outras competências, a ética de trabalho dos alunos, as suas capacidades de organização e até as suas capacidades interpessoais durante o processo de colaboração.

O desenvolvimento de estudos e a redação de artigos para publicação constituíram um momento memorável do percurso escolar dos adolescentes no ensino secundário, como referem os alunos envolvidos. Um dos alunos chegou a mencionar que a experiência reafirmou sua paixão pela pesquisa, e espera segui-la em sua carreira futura.

Agradecimentos

Este capítulo é uma versão revista e adaptada de um artigo original publicado no International Journal on Disability and Human Development pela editora Walter de Gruyter em Berlim com permissão - Chow R. The memorable experience of published research on adolescent development. Int J Disabil Hum Dev 2016 Jul 02. doi.org/10.1515/ijdhd-2016-0028.

Referências

1. Chow R. Um projeto-piloto de um programa de tutoria online para várias idades: aprendizagem virtual da escola Crescent (vLearning). Int J Adolesc Med Health 2016;28(4):451- 4.

2. Bloom S. Peer and cross-age tutoring in the schools: Um suplemento individualizado à instrução em grupo. Washington, DC: ERIC-Educational Resource Information Centre, 1975;66.

3. Anderson LB. Um tipo especial de tutor. Teaching Pre K-8 2007;37(5):56-7.

4. Almassaad A, Alotaibi K. The attitudes and opinions of tutees and tutors towards using cross-age online tutoring (As atitudes e opiniões dos alunos e tutores em relação à utilização da tutoria em linha para várias idades). Psychol Res 2012;2(4):247-59.

5. Cairo L, Craig J. Tutoria entre idades fase II: uma experiência. Tech Rep 2005;12:23.

6. Chow R, Libby J. Uma avaliação do Crescent School vLearning: Um programa de peertutoring online. Int J Disabil Hum Dev 2017;16(1):55-7.

7. Duschi R, Wright E. A case study of high school teachers' decision making models for planning and teaching science. J Res Sci Teach 1989;26(6):467-501.

8. Finocchiaro M, Di Blaso F, Zuccarello R, et al. Um caso de síndrome de savant numa criança com perturbação do espetro do autismo. Int J Disabil Hum Dev 2015;14(2):167- 174.

9. Braun-Lewensohn O. Gerir o stress nas escolas: professores que lidam com crianças do ensino especial. Int J Disabil Hum Dev 2016;15(1):77-84.

10. Shek D, Li X. Avaliação de um programa inovador de formação em liderança para estudantes chineses: avaliação subjectiva dos resultados. Int J Disabil Hum Dev 2015;14(4):393-400.

11. Chow R, Hollenberg D, Midroni C, Cumner S. As aulas de educação física e de saúde melhoram a aptidão física? Int J Disabil Hum Dev 2017;16(2):171-8.

12. Kolb DA, Boyatzis RE, Mainemelis C. Teoria da aprendizagem experimental: Investigação anterior e novas direcções. Perspect Thinking Learn Cogn Styles 2001;1:227- 47.

13. Chow R, Midroni C, Hollenberg D, Cumner S. O desempenho académico é um indicador da aptidão física? Int J Disabil Hum Dev 2017;16(1)33-5.

14. Chow R, Hollenberg D, Pintilie A, Midroni C, Cumner S. Uso de capacete por ciclistas adolescentes na Crescent School em Toronto, Canadá. Int J Adolesc Med Health 2016, no prelo.

Capítulo 2

O Centro de Bem-Estar (Centro de Saúde Escolar) da Escola Crescent: Um balanço da experiência de 2010-2015

Ronald Chow, Drew Hollenberg, Colin Lowndes, BEd, MA, Nick Kovacs, BA, BEd, Aaron Dion, BA, BEd e Stuart Cumner, BSc, PGCE

Crescent School, Toronto, Ontário, Canadá

Analisámos a experiência do Wellness Centre (WC) da Crescent School. Métodos: Os dados demográficos dos doentes, os diagnósticos, os procedimentos e as disposições foram registados numa base de dados prospetiva. Os alunos foram agrupados em escolas de nível inferior (3.º-6.º anos), médio (7.º-8.º anos) e superior (9.º-12.º anos). O ano letivo foi dividido nos períodos 1 (setembro a dezembro), 2 (janeiro a março) e 3 (abril a junho). Resultados: De setembro de 2010 a junho de 2015, 13 694 visitas foram de alunos: 5 674 (41%) do ensino básico, 3 979 (29%) do ensino secundário e 4 041 (30%) do ensino superior. 5 299 visitas (39%) ocorreram no 1º período, 3 877 (28%) no 2º período e 4 518 (33%) no 3º período. Os dois diagnósticos e procedimentos mais comuns foram músculo-esqueléticos (29%) e cefaleias (23%), e gelo/enxaguamento (40%) e medicação (39%), respetivamente. Cerca de três quartos (72%) das consultas foram resolvidas com o regresso do aluno às aulas. Conclusões: O CS tem servido as necessidades médicas da comunidade escolar.

Correspondência: Ronald Chow BMSc(C), Crescent School, Toronto, Ontário, Canadá. Correio eletrónico: rchow48@uwo.ca

Introdução

A enfermagem escolar tornou-se uma parte essencial das escolas desde a sua primeira criação na cidade de Nova Iorque, nos Estados Unidos, em 1902 (1). Com 98% das crianças nos Estados Unidos a frequentar a escola, tem o potencial de afetar positivamente a saúde de muitas crianças (2). Os enfermeiros prestam apoio físico e psico-social aos alunos e ao corpo docente (2-4) e são um elo fundamental entre professores, alunos e pais (5). Estão também envolvidos na gestão de doenças crónicas, emergências e catástrofes (4,6,7). A sua contribuição resulta numa maior taxa de assiduidade dos alunos (5). Os centros de saúde escolares (SBHC) foram criados a partir da década de 1970 com o objetivo de beneficiar os estudantes que não podiam pagar os cuidados de saúde primários. Verificou-se que os SBHC têm uma forte correlação com um melhor desempenho académico (5). No entanto, há falta de dados que documentem a eficácia dos SBHC no Canadá. Por conseguinte, examinámos as funções e os resultados do SBHC na Crescent School, que é conhecido como Centro de Bem-Estar (WC).

Métodos

A Crescent School, fundada em 1913, é uma escola diurna independente só para rapazes, do 3º ao 12º ano, em Toronto, Canadá. O WC, com dois enfermeiros registados, é um centro de acolhimento com duas camas que presta apoio médico e psicossocial gratuito aos alunos e ao corpo docente. Para este estudo, foram extraídas informações de uma base de dados prospetiva dos anos lectivos de 2010 a 2015 sobre dados demográficos, diagnósticos, procedimentos e disposições dos doentes. Os alunos foram agrupados em três grupos: Lower School (3.º-6.º anos), Middle School (7.º-8.º anos) e Upper School (9.º-12.º anos). O ano letivo foi dividido em Período 1 (setembro-dezembro), Período 2 (janeiro-março) e Período 3 (abril-junho).

Para analisar a proporção de visitas por Escola Secundária/Superior e também por Período do ano, foi efectuado um teste de ajuste do qui-quadrado. Os valores esperados foram calculados para a Escola Secundária/Superior através do cálculo da proporção da população total da escola que as três escolas constituíam. Os valores esperados para os Períodos do ano foram obtidos a partir da proporção de dias lectivos que o Período específico constituía ao longo dos cinco anos lectivos. No que respeita à proporção de visitas relacionadas com os diagnósticos, procedimentos e disposições, foi utilizado o teste de homogeneidade de proporções do qui-quadrado. Foi efectuada uma análise de regressão linear para verificar a tendência temporal do volume de visitas e da proporção de visitas por Escolas, bem como das visitas dos alunos por Termos, diagnósticos, procedimentos e disposições. Os valores de p inferiores a 0,05 foram considerados estatisticamente significativos. Todas as análises foram efectuadas utilizando o Statistical Analysis System (SAS; SAS Institute, Cary, NC, versão 9.2).

Resultados

De setembro de 2010 a junho de 2015, houve 3 457 alunos-ano (848 da Lower School, 806 da Middle School, 1 803 da Upper School) e 750 professores-ano no total. Houve um total de 840 dias lectivos durante o período de estudo; 364 dias no 1º período, 238 no 2º período e 238 no 3º período. Foram registadas 15.071 visitas na base de dados prospetiva do CS, das quais 13.694 (91%) de alunos e 1.377 (9%) de professores.

Das 13 694 visitas relativas a alunos, 5 674 (41%) foram efectuadas na Lower School, 3 979 (29%) na Middle School e 4 041 (30%) na Upper School. Ajustando para as diferentes dimensões das diferentes escolas, o número de visitas para as escolas de nível inferior, médio e superior teria sido 3 359, 3 192 e 7 142 visitas, respetivamente. Verificou-se uma diferença estatisticamente significativa entre as visitas previstas e as observadas, com mais visitas da Escola Inferior e menos da Escola Superior ($p<0,0001$) (ver quadro 1). Ao longo dos cinco anos lectivos, a proporção de visitas da Escola Secundária aumentou significativamente ($p=0,04$), tendo-se verificado uma ligeira tendência para a diminuição da proporção de visitas das Escolas Inferior e Superior ($p=0,1$ e 0,2 respetivamente) (ver figura 1).

Quadro 1. Repartição das visitas de estudantes de 2010 a 2015 (n = 13 694)

	10/11*	11/12	12/13	13/14	14/15	Total	valor de p
Escola							
Escola inferior	844	1,030	1,075	1,303	1,422	5,674	< 0.0001
Escola secundária	373	554	846	1,063	1,143	3,979	
Escola superior	690	667	819	783	1,082	4,041	
Termo do ano							
Termo 1	661	855	1,098	1,309	1,513	5,436	< 0.0001
Período 2	612	654	731	936	1,043	3,976	
Termo 3	634	742**	911	904	1,091	4,282	

*Dados em falta do 3º ano do ano letivo de 2010-2011
**Dados em falta de junho de 2012

Figura 1. Comparação da proporção de visitas de estudantes, por Escolas, de 2010 a 2015

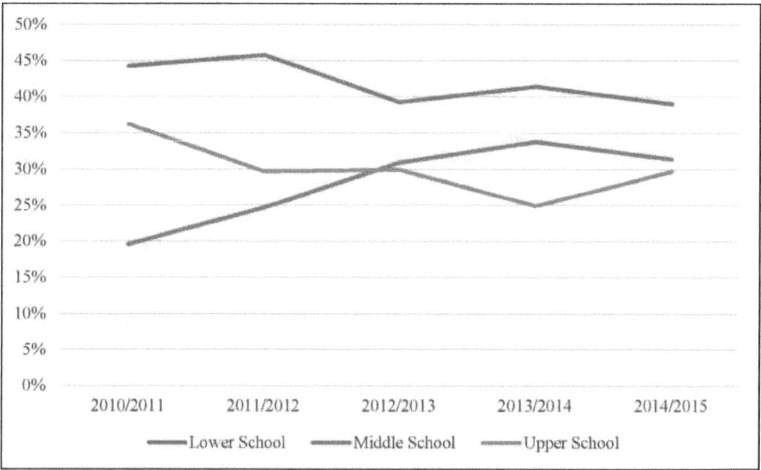

Registaram-se 5 436 visitas (40%) no 1º período, 3 976 (29%) no 2º período e 4 282 (32%) no 3º período. Ajustando para o número diferente de dias lectivos nos diferentes períodos dos cinco anos, o número de visitas para os períodos 1, 2 e 3 teria sido de 5 934, 3 880 e 3 880 visitas, respetivamente. Verificou-se uma diferença estatisticamente significativa entre as visitas previstas e as observadas, com menos visitas no 1.º período e mais visitas no 3.º período ($p<0,0001$) (ver quadro 1). Ao longo dos anos de estudo, verificou-se um aumento significativo da proporção de visitas no 1.º Período ($p=0,02$) e uma ligeira tendência de diminuição da proporção nos 2.º e 3.º Períodos ($p=0,4$ e 0,1 respetivamente) (ver figura 2).

Figura 2. Comparação da proporção de visitas de estudantes, por Condições, de 2010 a 2015

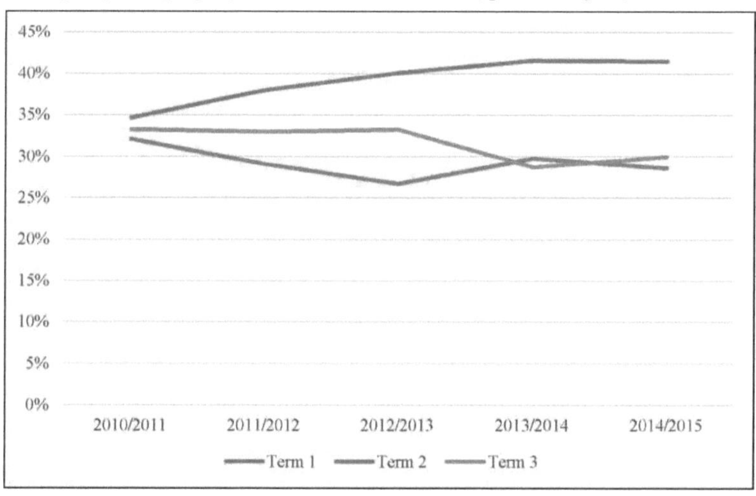

Registaram-se 1377 visitas de docentes, das quais 585 (42%) no 1º período, 422 (31%) no 2º período e 370 (27%) no 3º período. Ajustando para o diferente número de dias lectivos nos diferentes Períodos, o número de visitas para os Períodos 1, 2 e 3 teria sido de 597, 390 e 390 visitas, respetivamente. Não houve significância estatística entre as visitas previstas e as observadas ($p=0,14$)

(ver quadro 2).

Quadro 2. Repartição das visitas de docentes de 2010 a 2015 (n = 1 377)

	10-11	11-12	12-13	13-14	14-15	Total	valor de p
Termo do ano							0.14
Termo 1	87	68	108	137	185	585	
Período 2	55	64	68	99	136	422	
Termo 3	50	28*	81	105	106	370	

*Dados **em falta de** junho de 2012

Comparando o número de visitas totais em 2011 com 2015, registou-se um aumento de 69% com uma diferença estatisticamente significativa (p=0,0003): 39% de aumento na Lower School, 106% de aumento na Middle School e 62% de aumento na Upper School (ver tabela 3). Ao longo dos quatro anos, registaram-se aumentos significativos na Lower School e na Middle School (p=0,03 e 0,03 respetivamente). Apenas se registou uma tendência para o aumento das visitas da Upper School (p=0,1) (ver figura 3).

Quadro 3. Número de visitas por ano letivo

	n	valor de p
setembro de 2010 - junho de 2011*	2,099	
setembro de 2011 - junho de 2012**	2,411	
setembro de 2012 - junho de 2013	2,997	0.0003
setembro de 2013 - junho de 2014	3,490	
setembro de 2014 - junho de 2015	4,074	

* Dados em falta do 3º ano para o ano letivo de 2010-2011

**Dados em falta de junho de 2012

Figura 3. Número de visitas por escolas de 2011 a 2015

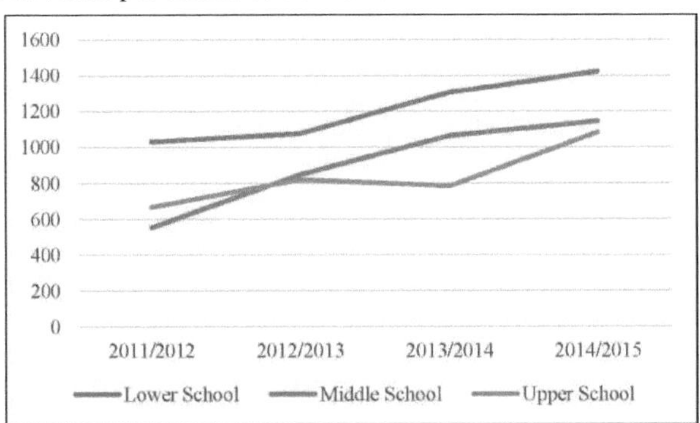

Se houvesse mais do que uma visita por mês para cada aluno, esta seria contabilizada como uma única visita distinta. Por exemplo, um aluno com cinco visitas em março seria contabilizado como uma visita distinta nesse mês. Das 6796 visitas de 2013 e 2015, 3711 (55%) foram visitas distintas: 1.479 (40%) da Lower School, 1.088 (29%) da Middle School e 1.144 (31%) da Upper School. Ajustando para as diferentes dimensões de cada grupo, o número de visitas para as Escolas Inferior, Média e Superior teria sido de 910, 865 e 1.935, respetivamente. Verificou-se uma diferença estatisticamente significativa entre as visitas previstas e as observadas, com mais visitas da Escola Inferior e menos da Escola Superior (p<0,0001) (ver quadro 4).

Tabela 4. Número de visitas distintas de 2013 a 2015 (n = 3.711)

	13-14	14-15	Total	valor de p
Escola inferior	738	741	1,479	
Escola secundária	546	542	1,088	< 0.0001
Escola superior	506	638	1,144	

Diagnósticos

Das 7.463 consultas registadas entre 2010 e 2013, os cinco diagnósticos mais comuns foram os seguintes: 2.135 (29%) estavam relacionados com músculo-esquelético, 1.712 (23%) com cefaleias, 1.130 (15%) com pele, 751 (10%) com o aparelho digestivo e 565 (8%) com infeção respiratória superior (IRA). Registou-se uma diferença estatística nas proporções dos diagnósticos (p=0,002) (ver quadro 5). No entanto, não se registou uma tendência temporal significativa em todas as categorias (ver figura 4).

Tabela 5. Diagnósticos de 2010 a 2013 (n = 7.463)

	10-11	11-12	12-13	Total	valor de p
Músculo-esquelético	674	684	777	2,135	
Dor de cabeça	483	531	698	1,712	
Pele	330	381	419	1,130	0.002
Digestivo	266	228	257	751	
URI	180	156	229	565	

IRA - infeção respiratória superior

Figura 4. Diagnósticos de 2010-2013

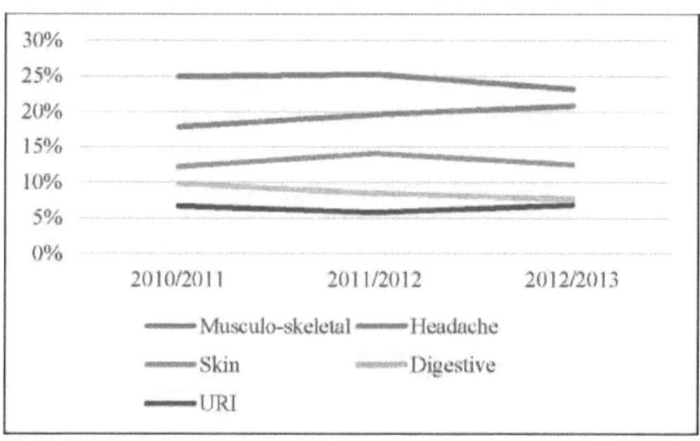

Procedimentos

Entre as 7.224 visitas registadas entre 2010 e 2013, os cinco procedimentos mais comuns foram os seguintes: 2.859 (40%) foram tratados com gelo/gesso, 2.842 (39%) receberam medicação, 352 (5%) foram monitorizados quanto à temperatura, pulso, respiração e pressão arterial (T.P.R.BP.), 314 (4%) foram submetidos a exame da garganta e 251 (3%) receberam uma refeição/lanches especiais. A diferença foi estatisticamente significativa (p=0,04) (ver tabela 6). Não houve diferença significativa, ao longo do tempo, nos procedimentos, exceto uma ligeira tendência para a diminuição da medicação (p=0,06) (ver figura 5).

Tabela 6. Procedimentos de 2010 a 2013 (n = 7.224)

	10-11	**11-12**	**12-13**	**Total**	**valor de p**
Gelo/vestir	909	950	1,000	2,859	
Medicamentos	922	916	1,004	2,842	
T.P.R.BP.	90	125	137	352	0.04
Exame da garganta	105	83	126	314	
Refeição especial/petisco	93	72	86	251	

T.P.R.BP. - temperatura, pulso, respiração e tensão arterial

Figura 5. Procedimentos de 2010-2013

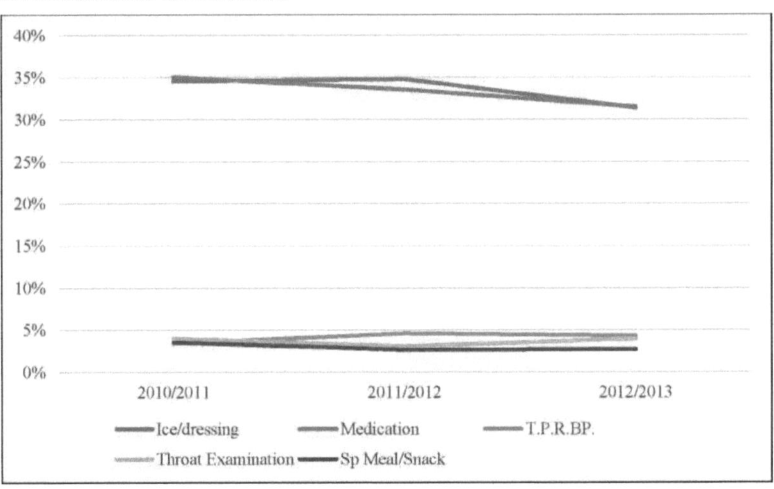

Disposições

Foram registadas 9.463 visitas entre 2010 e 2013, e a maioria das disposições foram as seguintes: 6.783 (72%) foram reencaminhados para a sala de aula, 1.243 (13%) foram instruídos a permanecer no WC para observação, 880 (9%) necessitaram de um telefonema para casa e 31 (<1%) foram encaminhados para o serviço de urgência. Houve uma diferença estatisticamente significativa entre as proporções de disposições (p<0,0001) (ver tabela 7). Não houve diferença significativa nas disposições, exceto uma diminuição da disposição de regresso às aulas ao longo dos anos (p=0,02) (ver figura 6).

Tabela 7. Disposições de 2010 a 2013 (n = 9.463)

	10-11	**11-12**	**12-13**	**Total**	**valor de p**
Voltar às aulas	2,110	2,142	2,531	6,783	
Ficou por	436	358	449	1,243	
Observação	185	302	393	880	< 0.0001
Chamada telefónica para casa	5	15	11	31	
Enviado para a urgência					

Figura 6. Disposições de 2010-2013

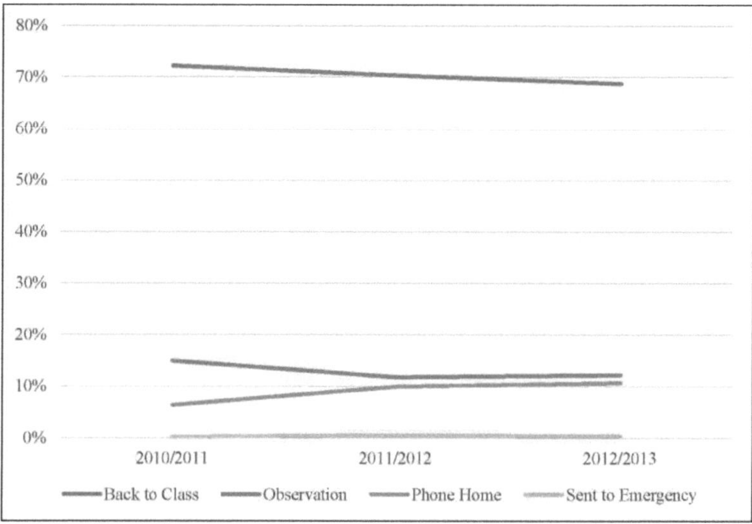

Discussão

Registaram-se mais de 15 000 visitas durante os cinco anos, das quais 90% foram de alunos (40% da escola secundária e 60% divididos equitativamente entre a escola média e a escola superior). Os alunos foram os principais beneficiários do WC, e mais de 85% das visitas foram adequadamente tratadas pelos enfermeiros da escola, permitindo que os alunos regressassem às aulas. Sem o WC, muitos destes alunos teriam sido mandados para casa, o que teria resultado em ausências desnecessárias e na interrupção da sua aprendizagem. Além disso, a dispensa destes alunos teria provocado uma sobrecarga desnecessária de recursos para os pais tomarem conta dos seus filhos. No Ontário, os cuidados médicos são fornecidos gratuitamente pelo Plano de Seguro de Saúde do Governo do Ontário; embora os pais não precisem de pagar, não deixa de ser uma despesa para o sistema de saúde quando visitam os médicos de família. Para além disso, os professores não precisaram de se ausentar por doença e interferir com o ensino devido ao fácil acesso ao WC. A utilização do WC tem aumentado ao longo dos anos, o que sugere o reconhecimento e a consciencialização dos serviços prestados. Ao longo dos anos, registou-se um maior número de visitas por parte das escolas básicas e secundárias devido a casos triviais (cortes de papel, nódoas negras) e mais graves (doenças, lesões, incluindo concussões), tal como observado pelos enfermeiros escolares.

Observámos um maior número de visitas no primeiro período em cada ano, principalmente devido à maior duração, e uma tendência crescente ao longo dos cinco anos. Este aumento ao longo do tempo pode dever-se ao maior número de sessões de informação sobre prevenção de lesões, incluindo sensibilização para a concussão, leccionadas no primeiro período. Quando ajustado ao número de dias em cada período, o período 3 registou um número significativamente maior de casos em termos proporcionais. Embora a verdadeira causa seja desconhecida, os enfermeiros atribuíram o aumento das visitas das escolas secundárias e superiores no terceiro período às lesões provocadas pelos testes, treinos e competições de râguebi, presumivelmente devido ao maior contacto corporal neste desporto.

Mais de metade dos diagnósticos foram músculo-esqueléticos ou dores de cabeça, que podem estar relacionados com lesões, doenças ou stress. Quarenta por cento dos procedimentos foram gelo/gesso como tratamento primário, o que, mais uma vez, confirma que as lesões são a razão comum para as visitas ao WC. Existe potencial para minimizar as visitas relacionadas com lesões através de intervenções para aumentar a sensibilização para a prevenção de lesões. A instalação de tapetes almofadados no ginásio e o uso de protectores bucais nos desportos de contacto corporal próximo já foram postos em prática. Seriam necessárias mais estratégias e educação para reduzir ainda mais a incidência de lesões com programas de prevenção de lesões mais rigorosos, tais como sessões de informação adicionais para ensinar aos atletas principiantes técnicas e competências adequadas para reduzir a frequência e a gravidade das lesões.

As doenças relacionadas com o stress, como as dores de cabeça, também podem ser tratadas através da colaboração do WC com o Crescent Student Services (CSS), um programa que apoia os alunos nos seus esforços académicos. O CSS é gerido por um assistente social e professores especializados em ajudar os estudantes. O WC alargou o âmbito do serviço, proporcionando um ambiente tranquilo e apoio aos alunos com necessidades específicas. A parceria contínua pode ajudar a lidar com as necessidades psico-sociais dos alunos.

Este estudo conseguiu recolher dados para estudar os resultados e a eficácia de um SBHC, o que tem faltado na literatura (1). Embora muitas escolas possam não acreditar que o bem-estar dos alunos seja da responsabilidade da escola (8), este estudo apoia a proposta de que um SBHC aumenta a oportunidade de sucesso académico ao reduzir o número de faltas (5,9,10). Buckley et al. também referiram que os estudantes na Nova Zelândia preferiam os SBHC porque os consideravam "confortáveis" e "convenientes" (11), acrescentando outra dimensão à importância dos SBHC. Para o desenvolvimento contínuo do SBHC, é essencial que os enfermeiros escolares incorporem os recentes avanços nas práticas de enfermagem, bem como ajudem os administradores na prevenção de lesões, emergências e desastres (4,6,7,12).

Limitações

No entanto, o nosso estudo não foi isento de limitações. Não dispúnhamos dos dados relativos ao 3.º ano de escolaridade no ano letivo de 2010-2011 e em junho de 2012, nem dos pormenores completos sobre os procedimentos e as disposições nos últimos dois anos do estudo. A base de dados mais recente (2013 - 2015) centrou-se na separação das visitas por lesão ou doença, o que dificultou as comparações com as categorias de diagnósticos anteriores. No entanto, a direção é correta, na medida em que a prioridade pode ser dirigida para a prevenção de lesões.

Implicações para a prática de enfermagem escolar

O WC tem servido bem os alunos e o corpo docente no tratamento de doenças e lesões médicas, minimizando as faltas à escola. O aumento da utilização e a elevada proporção de regressos às aulas solidificam a importância e o valor do WC na Crescent School. A maior parte das visitas esteve relacionada com eventos músculo-esqueléticos e há espaço para mais programas de prevenção de lesões para melhorar o bem-estar da comunidade escolar. A colaboração com o CSS alargará o âmbito do apoio psico-social relacionado com os estudos.

Agradecimentos

O Sr. Stuart Cumner é o supervisor e autor sénior do projeto. Gostaríamos de agradecer ao Sr. Alexandru Pintilie pela sua orientação e assistência na análise estatística. Este capítulo é uma versão revista e adaptada de um artigo original publicado no International Journal of Child Health and Human Development pela Nova Science Publishers.

Referências

1. Bannister A, Kelts S. Declaração de posição da NASN: O papel do enfermeiro escolar e dos centros de saúde baseados na escola. NASN Sch Nurs 2011;26(3):196-7.

2. Bell M. Alaska's school nurses: Uma visão geral. Alaska Nurs Assoc 2014;64(1):4- 7 .

3. Duff C. Enfermeiras escolares preparando o terreno para o bem-estar e o sucesso. NASN Sch Nurs 2013;28(5):216-7.

4. Fekaris N. A enfermeira escolar moderna. Oregon Nurse 2015;Winter:10.

5. Flaherty E. Preparação para emergências: enfermeiras escolares liderando o caminho. NASN Sch Nurs 2013;28(4):192-6.

6. Borup I, Holstein B. Family relations and outcome of health promotion dialogues with school nurses in Denmark (Relações familiares e resultados dos diálogos de promoção da saúde com enfermeiros escolares na Dinamarca). Nord J Nurs Res 2011;31(4):43-6.

7. Maenpaa T. Cooperation between parents and school nurses in primary schools: arents' perceptions. Scand J Caring Sci 2008;22(1):86-92.

8. Avery G, Johnson T, Cousins M, Hamilton B. The school wellness nurse: Um modelo para colmatar lacunas nos programas de bem-estar escolar. Continuing Nurs Educ 2013;39(1):13-8.

9. Bergren M. Does school nursing matter? Medidas de resultados sensíveis ao enfermeiro escolar. NASN School Nurse 2011;26(2):72-3.

10. Chewey L. Os enfermeiros escolares como "Game Changers". NASN Sch Nurs 2013; 28(3):126-8.

11. Buckley S, Gerring Z, Cumming J, Mason D, McDonald J, Churchwood M. School nursing in New Zealand: Um estudo de serviços. Policy Politics Nurs Pract 2012;13(1):45-53.

12. Chau E. Advocacia e o papel do enfermeiro escolar. NASN Sch Nurs 2013;28(3):124-5.

Capítulo 3

Um projeto-piloto de um programa de tutoria em linha para várias idades: Aprendizagem virtual da Crescent School (vLearning)

Ronald Chow

Crescent School, Toronto, Ontário, Canadá

O ensino tradicional numa sala de aula é o padrão da educação. No entanto, alguns alunos podem sentir-se pouco à vontade para abordar os seus professores e podem sentir-se mais à vontade se pedirem ajuda aos seus colegas. Existem dois tipos de métodos de tutoria de aluno para aluno que complementam a aprendizagem na sala de aula: tutoria entre pares de alunos da mesma idade e tutoria entre crianças de idades diferentes. Os programas de tutoria entre idades, em que o tutor é dois a três anos mais velho do que o tutelado, têm sido considerados mais eficazes do que os programas entre alunos da mesma idade na promoção da responsabilidade dos alunos, da sua capacitação e do seu desempenho académico. Em setembro de 2014, foi lançado na Crescent School um programa-piloto de tutoria online entre idades. Um novo sítio Web foi concebido, criado e implementado, com a autorização e o acompanhamento regular do corpo docente dos Serviços de Estudantes, para o programa online - Crescent School Virtual Learning (vLearning). O programa foi bem recebido e será objeto de avaliação no futuro.

Correspondência: Ronald Chow BMSc(C), Crescent School, Toronto, Ontário, Canadá. Correio eletrónico: rchow48@uwo.ca

Introdução

O ensino tradicional em sala de aula é o padrão de ensino na maioria das escolas canadianas. Alguns alunos podem necessitar de ajuda individualizada em vários momentos para complementar o ensino em grupo. A tutoria é útil para prestar essa assistência (1). Normalmente, os professores oferecem sessões aos alunos antes ou depois das aulas. No entanto, pode haver alunos que se sintam pouco à vontade para abordar os professores por receio de fazerem perguntas "disparatadas" ou de serem rotulados como alunos lentos. Os alunos podem sentir-se mais à vontade se pedirem ajuda aos seus colegas (2).

Existem dois tipos de métodos de tutoria entre alunos que complementam a aprendizagem na sala de aula: a tutoria entre pares de alunos da mesma idade e a tutoria entre crianças de idades diferentes (1,3-5). O par mais capaz, mais conhecedor e mais experiente, com um papel de apoio, é designado por "tutor", enquanto o aluno menos experiente que recebe ajuda é designado por "tutorado" (5-7). Os alunos tutelados podem trabalhar ao seu próprio ritmo sem serem comparados com os alunos "rápidos" numa sala de aula (3). A atenção extra e o apoio emocional dos tutores enquanto pares podem proporcionar um apoio psicológico importante que os tutelados poderiam não receber dos professores ou dos membros da família (3).

Numa função pedagógica, os tutores apoiam normalmente o processo de aprendizagem através da conceção do currículo, da formulação de perguntas, da apresentação de exemplos e de feedback, e da motivação (4). Por outro lado, a tutoria académica é uma técnica utilizada para ajudar os estudantes a aprenderem melhor um currículo previamente ensinado (4). Independentemente do tipo de tutoria, esta proporciona uma oportunidade de prática adicional, revisão e clarificação de conceitos difíceis num ambiente único de feedback que, de outra forma, não estaria disponível para um professor numa grande sala de aula (1,4,8).

Os programas de tutoria entre idades, em que o tutor é dois a três anos mais velho do que o tutelado, têm sido considerados mais eficazes do que os programas entre estudantes da mesma idade na promoção da responsabilidade, da capacitação e do desempenho académico dos estudantes (9,10). Os tutores ajudam os tutelados, o que leva a um aumento dos conhecimentos gerais, dos conhecimentos específicos da disciplina, das técnicas de estudo e de realização de testes e da motivação nos estudos

(4,10). Além disso, a diferença moderada de idade e de competências pode proporcionar alguns desafios cognitivos a ambos os pares nas suas actividades, permitindo que os tutores também beneficiem das sessões, melhorando as suas competências de tutoria e os seus próprios resultados académicos (6).

O atual ensino na sala de aula para alunos da mesma idade pode funcionar como uma barreira na tutoria entre idades, porque esta exige uma quantidade significativa de preparação, colaboração e organização para que os tutores e os alunos se reúnam (11). A estruturação de um programa diário de tutoria inter-idades, que é o mais benéfico para os alunos (4,5), pode ser ainda mais difícil de organizar.

O nosso programa

A Crescent School, fundada em 1913, é uma escola diurna independente só para rapazes em Toronto, Canadá, com mais de 700 alunos. A escola é composta por três divisões: Lower School (3.º ao 6.º ano), Middle School (7.º ao 8.º ano) e Upper School (9.º ao 12.º ano). Há seis anos que existem dois programas semanais de tutoria presencial para várias idades (Upper to Middle Schools e Upper to Lower Schools). Existe uma necessidade sentida de tais programas entre os alunos da Lower e da Middle School; infelizmente, devido a conflitos de horários com o atletismo e outras actividades co-curriculares, a frequência tem sido insatisfatória e pode variar de período para período.

Para ultrapassar os conflitos de horários, a Crescent School criou um programa piloto de tutoria online para várias idades, lançado oficialmente em setembro de 2014. A tutoria online entre pares tem o potencial de fornecer o conteúdo educacional numa base diária (4,12,13). Este projeto foi iniciado pelos alunos da Upper School, em colaboração com os Serviços de Estudantes da Middle School da Crescent, que foi o coordenador de programas anteriores de tutoria entre pares na escola. O objetivo era ultrapassar a limitação de horários, para permitir a tutoria, sem a restrição de tempo e espaço. Os alunos podem apresentar as perguntas quando e onde quiserem, e os tutores podem responder às perguntas quando lhes for conveniente, mas dentro de um período de 12 a 24 horas. Foi concebido, criado e implementado um novo sítio Web, com a autorização e o acompanhamento regular do corpo docente dos Serviços de Estudantes, para o programa em linha - Crescent School Virtual Learning (vLearning).

Quando o sítio Web ficou ativo, foi divulgado na escola que o vLearning estava disponível 24 horas por dia e sete dias por semana, e convidou os alunos a apresentarem perguntas sobre cinco disciplinas: Ciências, Geografia, Francês, Inglês e História. Em cada dia, era atribuído um tutor por disciplina, que visitava regularmente o sítio para responder às perguntas em tempo útil. Uma rotação definida atribuía aos tutores a supervisão do sítio durante um ou dois dias numa determinada semana, permitindo-lhes concentrarem-se também nos seus próprios esforços académicos. Três coordenadores seniores de disciplinas também estavam de serviço todos os dias, apoiando os tutores nas suas respostas.

A nossa experiência

O número de recrutas para tutores totalizou 19 alunos da Upper School (principalmente alunos dos 10º e 11º anos) para 165 potenciais tutelados da Middle School. A base populacional de tutores e tuteados oferecia uma diferença de idades de dois a quatro anos; a diferença de idades ideal (9,10). No lançamento, a novidade provou ser uma barreira à utilização do programa. Os tutelados não estavam familiarizados com o vLearning como fonte de apoio e não sabiam como utilizar o programa de forma correta e eficaz. Para ultrapassar esta barreira, foram utilizados anúncios na assembleia e publicidade com cartazes e avisos na televisão interna para lembrar aos potenciais tutelados como aceder e utilizar o programa.

Ao longo do ano letivo (setembro de 2014 - junho de 2015), o vLearning respondeu a mais de 40 perguntas, com mais perguntas apresentadas mais perto do final do ano letivo, na altura dos exames. A quantidade de alunos que utilizaram o programa igualou a do Middle School Cross-Age Tutoring (MSCAT) dois meses após o lançamento, em novembro, e ultrapassou a do MSCAT no final do ano, em junho. O programa conseguiu ultrapassar a dificuldade de agendamento substancial que impedia o sucesso da tutoria inter-idades, uma vez que os alunos podiam aceder ao apoio em qualquer altura (11). Os tutores sentiram-se à vontade para responder às perguntas e ficaram satisfeitos com o seu contributo para os percursos académicos dos tutelados. As reacções informais dos tutelados também foram favoráveis, em especial no que se refere à rapidez e fiabilidade das respostas, quando comparadas com as do MSCAT.

Discussão

O vLearning é uma nova iniciativa que ultrapassa com sucesso a maior dificuldade dos programas de tutoria inter-idades: a calendarização. Ficou provado que era viável iniciar um programa tecnológico deste tipo numa escola diurna. A utilização crescente do programa já ultrapassou a do MSCAT no seu primeiro ano. Já estão em conversação planos para expandir esta programação para a Lower e Upper School, de modo a servir uma comunidade maior e mais alargada; para estabelecer uma base de dados prospetiva e registar as experiências dos alunos com o programa; para além de realizar inquéritos de satisfação aos tutores, tutelados e professores nos próximos anos.

Os métodos de tutoria de aluno para aluno são complementos da aprendizagem na sala de aula (1). Os programas de tutoria entre idades têm sido considerados mais eficazes do que os programas entre alunos da mesma idade na promoção da responsabilidade dos alunos, da sua capacitação e do seu desempenho académico (9,10). Um programa-piloto de tutoria online para várias idades, o vLearning, foi bem recebido e será objeto de avaliação no futuro.

Agradecimentos

A Sra. Jennifer Ferguson (BA, BEd), Serviços de Estudantes da Middle School, é a supervisora sénior do vLearning. Gostaríamos de agradecer ao Sr. Aaron Dion (BA, BEd), Diretor da Middle School, pelo seu apoio contínuo ao programa, para além de todos os tutores da equipa vLearning. Este capítulo é uma versão revista e adaptada de um artigo original publicado no International Journal of Adolescent Medicine and Health por Walter de Gruyter em Berlim com autorização - Chow R. A pilot project of an online cross-age tutoring program: crescent school virtual learning (vLearning). Int J Adolesc Med Health 2016;28(4):451-4.

Referências

1. Bloom S. Peer and cross-age tutoring in the schools: Um suplemento individualizado à instrução em grupo. Washington, DC: ERIC-Educational Resource Information Centre 1975;66.

2. Gaustad J. Tutoria entre pares e entre idades. Eric Digest 1993;79:ED354608.

3. Anderson LB. Um tipo especial de tutor. Teaching Pre K-8 2007;37(5):56-7.

4. Almassaad A, Alotaibi K. The attitudes and opinions of tutees and tutors towards using cross-age online tutoring (As atitudes e opiniões dos alunos e tutores em relação à utilização da tutoria em linha para várias idades). Psychol Res 2012;2(4):247-59.

5. Cairo L, Craig J. Tutoria entre idades fase II: uma experiência. Tech Rep 2005;12:23.

6. Weiss R. Tutoria académica: A review for Cypress College. Washington, DC: ERIC- Educational Resource Information Centre, 2007.

7. Topping KJ. The effectiveness of peer tutoring in further and higher education: a typology and review of the literature. Ensino Superior 1996;32(3):321-45.

8. Davenport SV, Arnold M, Lassman M. The impact of cross-age tutoring on reading attitudes and reading achievements (O impacto da tutoria inter-idades nas atitudes e resultados de leitura). Reading Improvement 2014;41(1):3-12.

9. Barone Schneider R. Tutoria entre idades. Childhood Educ 1997;73(3):136-43.

10. Gibbs SG. A Comparison of the effects of cross-age tutoring and same-age tutoring on the

reading achievement of elementary school students (Uma comparação dos efeitos da tutoria entre idades e da tutoria para a mesma idade no desempenho em leitura de alunos do ensino básico). Washington, DC: ERIC- Educational Resource Information Centre, 1982.

11. Ankcorn D. The effect of cross-age tutoring by high schoolers on their understanding and ability to create a short story (O efeito da tutoria inter-idades por alunos do ensino secundário na sua compreensão e capacidade de criar um conto). Washington, DC: ERIC- Educational Resource Information Centre, 1999.

12. de Vries F, Kester L, Sloep PB, van Rosmalen P, Pannekeet K, Koper R. Identification of critical time-consuming student support activities in e-learning. Washington, DC: ERIC- Educational Resource Information Centre, 2005.

13. Jones RH, Garralda A, Li DCS, Lock G. International dynamics in on-line and face-to-face peer-tutoring sessions for second language writers (Dinâmica internacional em sessões de tutoria em linha e presencial para escritores de uma segunda língua). J Second Lang Writing 2006;15:1-23.

Capítulo 4

Uma avaliação do Crescent School vLearning: Um programa de tutoria em linha entre pares

Ronald Chow e Jonathan Libby

Crescent School, Toronto, Ontário, Canadá

No Canadá, a tutoria é frequentemente um complemento útil ao ensino tradicional na sala de aula. A tutoria entre idades, que envolve um tutor alguns anos mais velho do que o tutorado, tem sido considerada mais eficaz do que a tutoria da mesma idade, uma vez que promove a responsabilidade, a capacitação e o desempenho académico. No entanto, o atual ensino na sala de aula para alunos da mesma idade pode funcionar como um obstáculo à tutoria entre idades, porque esta última exige muita coordenação, preparação e organização. Na Crescent School, uma escola independente só para rapazes em Toronto, no Canadá, foi lançado em setembro de 2014 um programa-piloto online de tutoria entre pares para várias idades, designado Crescent School vLearning. O objetivo deste estudo era avaliar formalmente o programa e medir quantitativamente o seu sucesso. Foram selecionadas aleatoriamente 36 perguntas do sítio Web do vLearning, examinadas quanto ao tempo de resposta e à qualidade da resposta avaliada por alunos e professores. Os tempos de resposta rápidos, bem como a elevada qualidade das respostas, fizeram com que o programa ganhasse força na escola. À medida que o vLearning envelhece e continua a conquistar os alunos, a equipa de tutores da Upper School terá em breve de ser alargada para se adaptar ao volume crescente de perguntas.

Correspondência: Ronald Chow BMSc(C), Crescent School, Toronto, Ontário, Canadá. Correio eletrónico: rchow48@uwo.ca

Introdução

No Canadá, a tutoria é muitas vezes um complemento útil ao ensino tradicional na sala de aula (1). Os professores oferecem apoio, mas alguns alunos sentem-se pouco à vontade para abordar os professores com perguntas consideradas "disparatadas"; os alunos podem sentir-se mais à vontade numa situação de tutoria entre pares (2). Numa função pedagógica, os tutores ajudam normalmente o processo de aprendizagem através da conceção de um currículo, da elaboração de perguntas, do fornecimento de feedback e de exemplos e da motivação (3). Para os alunos, permite-lhes aprender melhor os conteúdos previamente ensinados (3). A tutoria entre idades, que envolve um tutor alguns anos mais velho do que o tutorando, tem sido considerada mais eficaz do que a tutoria da mesma idade, uma vez que promove a responsabilidade, a capacitação e o desempenho académico (4, 5). No entanto, o atual ensino na sala de aula para alunos da mesma idade pode funcionar como um obstáculo à tutoria entre idades, uma vez que esta exige muita coordenação, preparação e organização (6).

Na Crescent School, uma escola independente só para rapazes em Toronto, no Canadá, foi lançado em setembro de 2014 um programa-piloto online de tutoria entre pares de várias idades, designado Crescent School vLearning. Foi concebido, criado e implementado um sítio Web e foi reunida uma equipa inaugural de 19 alunos da Upper School (9.º ao 12.º ano) para servirem de tutores. A plataforma em linha permitiu que os alunos da Middle School (7.º-8.º anos) colocassem questões quando e onde quisessem em três áreas disciplinares pré-estabelecidas na escola (Ciências/Geografia, Francês e Inglês e História), sem restrições de tempo e espaço, e que os tutores respondessem num prazo prometido de 12 a 24 horas (7).

Um conjunto de rotações atribuiu tutores para supervisionar o sítio durante 1-2 dias por semana na sua respectiva disciplina, e três coordenadores seniores de disciplinas estavam de serviço todos os dias para apoiar os tutores. No decurso do seu primeiro ano, o vLearning da Crescent School respondeu a mais de 40 perguntas. A quantidade de tutelados que utilizaram o programa ultrapassou a do programa físico de tutoria entre pares da Middle School, e foi extremamente bem recebida (7). O objetivo deste estudo era avaliar formalmente o programa e medir quantitativamente o seu sucesso.

Métodos

Foram selecionadas aleatoriamente 36 perguntas do sítio Web vLearning que, na altura, continha cerca de 60 perguntas ao fim de dois anos. A amostra foi então bloqueada de acordo com a área disciplinar, antes de ser distribuída aos professores das disciplinas do ensino secundário. As respostas às perguntas foram avaliadas por vários professores das disciplinas e avaliadas com base numa grelha de 4 pontos, como se a resposta fosse uma pergunta de avaliação num teste ou trabalho. Um ponto mais alto indicava uma resposta de maior qualidade; 4 indicava uma resposta que ultrapassava as expectativas, 3 indicava uma boa resposta que satisfazia as expectativas, 2 sugeria uma resposta satisfatória que era de compreensão geral mas ligeiramente abaixo das expectativas, e 1 implicava uma necessidade de melhoria. Devido à natureza subjectiva da rubrica de 4 pontos, uma resposta pontuada, tal como registada neste estudo, foi uma média das avaliações de vários professores da disciplina. De igual modo, foi dada aos alunos a mesma grelha de avaliação de 4 pontos e foi-lhes pedido que avaliassem a resposta; foi também calculada a média das várias pontuações para determinar a pontuação de uma resposta. Numa situação em que a média não era um número inteiro, a pontuação era arredondada para o número inteiro seguinte (ou seja, uma pontuação média de 3,667 era arredondada para 3). Os tempos de resposta também foram registados.

Os resultados foram tabulados de acordo com a área temática, o tempo de resposta, a qualidade (pontuação) das respostas dos alunos e a qualidade das respostas dos professores. Foi utilizado um teste de qui-quadrado (homogeneidade de proporções) para examinar qualquer diferença nas proporções dos resultados. Todas as análises estatísticas foram efectuadas utilizando o software Statistical Analysis Software (SAS versão 9.4 para Windows).

Resultados

Das 36 perguntas selecionadas, 19 (53%) diziam respeito a Ciências/Geografia, 3 (8%) a uma matéria relacionada com o Francês e 14 (39%) a Inglês&História. O programa responde mais frequentemente a questões de Ciências/Geografia e de Inglês&História ($p=0{,}0038$) (ver quadro 1).

16 (44%) e 10 (28%) das questões foram respondidas em menos de 2 horas e 26 horas, respetivamente. 2 (6%), 3 (8%), 4 (11%) e 1 (3%) respostas necessitaram de 6-12 horas, 12-18 horas, 18-24 horas e mais de 24 horas, respetivamente, para serem publicadas. Os tempos de resposta mais prováveis foram menos de 2 horas e 2-6 horas ($p<0{,}0001$) (ver tabela 1).

Os alunos atribuíram a 22 (61%) das perguntas uma classificação de 4 em 4. 10 perguntas (28%) obtiveram uma classificação média de 3, enquanto 3 perguntas (8%) obtiveram uma classificação de 2 e apenas 1 pergunta (3%) obteve uma classificação de 1. Muitas das respostas obtiveram uma classificação de 4, com apenas um pequeno número de perguntas a obter uma classificação de 1 e 2 ($p<0{,}0001$). 23 perguntas (64%) foram classificadas com 4 em 4 pelos professores. As classificações médias de 3, 2 e 1 foram registadas em 8 (22%), 4 (11%) e 1 (3%) perguntas, respetivamente. Tal como nas classificações dos alunos, os professores atribuíram frequentemente classificações de 4 e raramente atribuíram classificações médias de 1 e 2 ($p<0{,}0001$) (ver quadro 1).

Tabela 1. Perguntas avaliadas

	n (%)	**valor *de p****
Áreas temáticas		0.0038
Ciências/Geografia	19 (53%)	
francês	3 (8%)	
Inglês&História	14 (39%)	
Tempo de resposta		<0.0001
Menos de 2 horas	16 (44%)	
2-6 horas	10 (28%)	

6-12 horas	2 (6%)	
12-18 horas	3 (8%)	
18-24 horas	4 (11%)	
Mais de 24 horas	1 (3%)	
Qualidade (pontuação) das respostas dos alunos		<0.0001
4	22 (61%)	
3	10 (28%)	
2	3 (8%)	
1	1 (3%)	
Qualidade (pontuação) das respostas dos professores das disciplinas		<0.0001
4	23 (64%)	
3	8 (22%)	
2	4 (11%)	
1	1 (3%)	

**Foi utilizado o teste do qui-quadrado (homogeneidade das proporções) para calcular o valor de p*

Discussão

O elevado número de perguntas de Ciências/Geografia alude à principal utilização do vLearning. A maior parte dos alunos do ensino secundário introduzem perguntas no vLearning para obter uma resposta a uma questão factual, para ajudar nos trabalhos de casa e nas perguntas dos trabalhos de casa. Da mesma forma, as perguntas feitas em Inglês e História eram principalmente perguntas de história - muitas vezes eram eventos de história que perguntavam sobre eventos específicos da história canadiana (ou seja, "O que é o Forte Loisberg?"; "Quem eram os Acadianos?").

Com a maioria das perguntas respondidas em menos de duas horas, e entre 2-6 horas, o vLearning não só cumpriu a sua promessa de responder às perguntas em 12-24 horas, como excedeu largamente as expectativas. Apenas uma pergunta não foi respondida num período de 24 horas, enquanto mais de metade das perguntas foram respondidas num curto espaço de tempo. O prazo realça a diligência dos tutores quando são designados para supervisionar o sítio em busca de perguntas. Além disso, o curto período de tempo serve bem os alunos da Middle School; as perguntas que são normalmente introduzidas ao início da noite (ou seja, às 17h00) são respondidas num curto período de tempo nessa mesma noite (ou seja, às 20h00) para permitir que os alunos recebam as respostas para ajudar os seus estudos.

Além disso, a consistência das respostas de elevada qualidade, tal como classificadas pelos alunos e professores, mostra que, embora as perguntas sejam geralmente respondidas com relativa rapidez, a qualidade das perguntas não é comprometida. As melhores respostas, tal como identificadas pelos professores, abordam geralmente três aspectos: a definição dos parâmetros da pergunta, a aplicação do conceito original e a citação da fonte para quaisquer factos interligados.

O vLearning registou uma quantidade substancial de perguntas ao longo dos seus dois primeiros anos de funcionamento e tornou-se tão ou mais popular do que o programa tradicional de tutoria entre pares da escola secundária (7). Os tempos de resposta rápidos, bem como a elevada qualidade das respostas, fizeram com que o programa ganhasse força na escola. O programa continua a crescer e está previsto substituir completamente o programa de tutoria entre pares da escola secundária num dos três períodos lectivos futuros. À medida que o vLearning envelhece e continua a conquistar os alunos, a equipa de tutores da Upper School terá de ser alargada para acomodar o volume crescente de perguntas.

Agradecimentos

Gostaríamos de agradecer ao corpo docente da Crescent School, nomeadamente a Jennifer Ferguson, pelo apoio e assistência no programa e na sua avaliação. Agradecemos também a todos os tutores, tutelados e administradores do vLearning por terem contribuído para o programa. Este capítulo é uma versão revista e adaptada de um artigo original publicado no International Journal of Adolescent Medicine and Health por Walter de Gruyter em Berlim com autorização - Chow R, Libby J. An evaluation of Crescent School vLearning: Um programa online de tutoria entre pares. Int J Disabil Hum Dev 2017;16(1):55-7.

Referências

1. Bloom S. Peer and cross-age tutoring in the schools: Um suplemento individualizado à instrução em grupo. ERIC-Centro de Informação de Recursos Educacionais, 1975;66.

2. Gaustad J. Tutoria entre pares e entre idades. Eric Digest 1993;79(3):1-6.

3. Almassaad A, Alotaibi K. The attitudes and opinions of tutees and tutors towards using cross-age online tutoring (As atitudes e opiniões dos alunos e tutores em relação à utilização da tutoria em linha para várias idades). Psychol Res 2012;2(4):247-59.

4. Barone Schneider R. Tutoria entre idades. Educação de Infância 1997;73(3):136- 43.

5. Gibbs SG. A comparison of the effects of cross-age tutoring and same-age tutoring on the reading achievement of elementary school students. Washington, DC: Centro de Informação de Recursos Educativos, 1982.

6. Ankcorn D. The effect of cross-age tutoring by high schoolers on their understanding and ability to create a short sStory. Washington, DC: Centro de Informação de Recursos Educativos, 1999.

7. Chow R. Um projeto-piloto de um programa de tutoria online para várias idades: aprendizagem virtual da escola Crescent (vLearning). Int J Adolesc Med Health 2016; 28(4):451- 4.

Capítulo 5

Utilização de capacete por ciclistas adolescentes na Crescent School em Toronto, Canadá

Ronald Chow, Drew Hollenberg, Alexandru Pintilie, MSc, Cooper Midroni e Stuart Cumner, BSc, PGCE

Crescent School, Toronto, Ontário, Canadá

Numerosos estudos sublinharam que os capacetes para ciclistas reduzem o risco de ferimentos na cabeça; o objetivo deste estudo foi determinar a taxa de utilização de capacetes por rapazes adolescentes e as razões para aqueles que não usam capacetes. Foi elaborado um questionário que foi preenchido por 257 estudantes. Uma percentagem mais elevada de alunos mais velhos referiu uma longa deslocação de bicicleta para a escola (mais de 20 minutos). A frequência do uso de capacete e o conhecimento da legislação sobre capacetes foi menor entre os estudantes mais velhos. As razões mais comuns para a não utilização do capacete em todas as idades incluíram o seu carácter desconfortável, a confiança na capacidade do ciclista para não se despistar e a negligência. Mais lembretes e sessões educativas sobre a importância do capacete poderiam ajudar a aumentar a utilização do capacete pelos alunos em todos os graus de ensino.

Correspondência: Ronald Chow BMSc(C), Crescent School, Toronto, Ontário, Canadá. Correio eletrónico: rchow48@uwo.ca

Introdução

Os traumatismos cranianos representam cerca de um terço dos traumatismos ocorridos em bicicletas tratados nos serviços de urgência dos Estados Unidos, dois terços dos quais resultam em hospitalização e três quartos em morte (1-5). Verificou-se que as lesões sofridas por crianças com idades compreendidas entre os 5 e os 15 anos (430,7 lesões por milhão de viagens) são muito mais elevadas do que as sofridas por ciclistas com mais de 50 anos (296,2 lesões por milhão de viagens) (1).

Numerosos estudos sublinharam que os capacetes para ciclistas reduzem o risco de ferimentos na cabeça, como o de Thompson et al (5), que refere uma redução de 85%. Como corolário, outros estudos sugerem que os capacetes podem servir como um dispositivo de proteção, prevenindo uma variedade de lesões faciais graves (6). Apesar destes efeitos positivos, os inquéritos nacionais da década de 1990 mostraram que a utilização de capacete entre os cidadãos dos Estados Unidos era inferior a 20% nas crianças e inferior a 50% nos adultos (7).

Desde então, a Austrália, o Canadá, a Nova Zelândia e os Estados Unidos adoptaram legislação que obriga ao uso de capacetes de segurança pelos ciclistas (8). Após a legislação, Howard Co, Maryland, EUA, observou um aumento da utilização de capacete de 4% para 47% apenas oito meses após a aprovação da lei em 1990 (9). Em 1994, uma lei semelhante em Oregon observou um aumento imediato de 24,5% para 49,3% (10). O contraste é gritante quando comparado com o mandato da cidade de Nova Iorque em 1994, que visava o uso de capacete entre os condutores e passageiros com idades entre 1 e 14 anos. Nos meses seguintes, não se registou qualquer aumento do uso de capacete em Brooklyn, tendo-se verificado um aumento de 4,7% para 13,9% em Queens, que complementou o mandato com um programa educativo. O aumento verificou-se predominantemente em crianças brancas (6,5% para 23,5%), com pequenos aumentos registados em crianças negras, hispânicas e asiáticas (1,1% para 8,6%; 2,1% para 7,7%; e 13,3% para 15,2%) (11).

Quando uma lei sobre o uso de capacete entrou em vigor em Victoria, Austrália, em 1990, registou-se um aumento imediato nas taxas médias de uso de capacete de 31% para 75% no ano seguinte. Os adolescentes continuaram, no entanto, a apresentar taxas de uso de capacete inferiores às dos adultos. No cômputo geral, os pedidos de indemnização dos seguros relativos a ciclistas mortos ou hospitalizados na sequência de ferimentos na cabeça diminuíram 48% no primeiro ano (12). O objetivo deste capítulo era determinar a taxa de uso de capacete entre os rapazes adolescentes e as razões para aqueles que não usam capacete.

Métodos

A Crescent School é uma escola diurna independente só para rapazes em Toronto, Canadá, com mais de 700 alunos. É constituída por três secções: Graus 3-6 (Lower School), Graus 7-8 (Middle School) e Graus 9-12 (Upper School) (13).

Foi elaborado um questionário sobre a utilização da bicicleta e do capacete (ver capítulo 2). Os principais objectivos do inquérito eram determinar 1) a percentagem de ciclistas na escola e 2) a percentagem de ciclistas que usam capacete. O questionário colocava questões relativas à utilização da bicicleta em dois momentos principais - o primeiro momento centrava-se na utilização da bicicleta como meio de transporte para chegar à escola, e o segundo centrava-se na utilização da bicicleta durante o tempo de recreio. O objetivo secundário do questionário era determinar a razão ou motivo daqueles que não usam capacete e, subsequentemente, avaliar o conhecimento dos alunos sobre a legislação relativa ao uso do capacete. O questionário era anónimo, e os alunos foram fortemente encorajados a preencher o inquérito durante o tempo atribuído pela escola.

Os resultados do questionário foram examinados por grupos de anos de escolaridade - 7.º e 8.º anos, 9.º e 10.º anos e 11.º e 12.º anos. Para as perguntas relativas à frequência das deslocações para a escola e à frequência da utilização do capacete, os resultados foram agrupados em duas respostas - "Sempre/frequentemente" e "Raramente/ocasionalmente/às vezes". A duração do trajeto para a escola também foi agrupada em duas respostas - "Menos de 20 minutos" e "Mais de 20 minutos". Foram utilizados testes estatísticos, como o teste do Qui-quadrado, o teste de Fisher e o teste de Cochran-Armitage para tendências, para examinar a diferença de proporções nos resultados de escolha múltipla. Foram utilizadas estatísticas descritivas para a pergunta de resposta curta sobre a utilização do capacete. Todas as análises foram efectuadas utilizando o pacote estatístico R (versão 3.1 para Windows).

Resultados

Dos 257 alunos que responderam ao correio eletrónico, 120 (47%) afirmaram ter utilizado a bicicleta como meio de transporte para a escola. Não houve diferença estatística na proporção de ciclistas e não-ciclistas por ano de escolaridade (teste de Fisher, $p=0{,}79$). Dos 120 alunos, 100 alunos (83%) referiram que a duração da sua deslocação de bicicleta era inferior a 20 minutos. Verificou-se uma tendência para que os alunos mais velhos fizessem deslocações pendulares mais longas, proporcionalmente, do que os alunos mais novos (teste de Cochran-Armitage para tendência, $p=0{,}032$). É importante notar que apenas 19 alunos (16%) relataram deslocações frequentes de bicicleta para a escola ("Sempre/Frequentemente"); não houve diferença na proporção entre os graus (teste Fisher, $p=0{,}73$). Dos 120 estudantes ciclistas, 95 referiram o uso frequente de capacetes de bicicleta ("Sempre/Frequentemente"). Os alunos dos anos de escolaridade mais elevados tendem a não usar capacete com tanta frequência (teste de Fisher, $p=0{,}0002$) - 59% dos alunos dos 11º e 12º anos usam capacete, em comparação com 96% dos alunos dos 7º e 8º anos. Curiosamente, os alunos do 9.º e 10.º anos tinham um conhecimento muito maior da lei do Ontário para crianças (com idade igual ou inferior a 18 anos) que obriga ao uso de capacete (teste de Fisher, $p=0{,}028$) - 98% de conhecimento em comparação com 79% e 89% de conhecimento nos 11.º e 12.º anos e nos 7.º e 8.º anos, respetivamente (ver quadro 1).

Quadro 1. Dados demográficos dos ciclistas que se deslocam para a escola

	Sétimo e oitavo anos	9.º e 10.º anos	11º e 12º anos	Teste do Qui-Quadrado (p)	Teste de Fisher (p)	Teste de Cochran-Armitage para tendência (p)
Ciclista/não-ciclista				0.79	0.79	0.55
Ciclista	46 (46%)	45 (46%)	29 (51%)			
Não-ciclista	55 (54%)	53 (54%)	28 (49%)			
Duração				0.055*	0.08	0.032*
Menos de 20 minutos	41 (89%)	39 (87%)	20 (69%)			
Mais de 20 min	5 (12%)	6 (13%)	9 (31%)			
Frequência das deslocações pendulares				0.69*	0.73	0.49*
Sempre/frequentemente	9 (20%)	6 (13%)	4 (14%)			
Raramente/ocasionalmente/às vezes	37 (80%)	39 (87%)	24 (86%)			
Frequência de utilização do capacete				0.00046	0.0002	0.0001
Sempre/frequentemente	44 (96%)	34 (76%)	17 (59%)			
Raramente/ocasionalmente/às vezes	2 (4%)	11 (24%)	12 (41%)			
Formado em direito				0.034*	0.028	0.29*
Sim	41 (89%)	44 (98%)	23 (79%)			
Não	5 (11%)	1 (2%)	6 (21%)			

*O qui-quadrado é suspeito porque o número esperado é inferior a 5 em pelo menos uma célula

226 dos 257 (88%) alunos registaram que andavam de bicicleta durante o tempo de recreio. O teste de Cochran-Armitage detectou uma tendência para os alunos mais velhos se envolverem em ciclismo recreativo com menos frequência (Teste de Cochran-Armitage para Tendência, $p=0{,}02$) - 92% dos alunos dos 7.º e 8.º anos em comparação com 79% dos alunos dos 11.º e 12.º anos que referiram andar de bicicleta durante o tempo de lazer. 161 ciclistas recreativos (63%) referiram a utilização frequente de capacetes. Os alunos dos 7º e 8º anos referiram uma utilização mais frequente de capacetes quando comparados com os alunos dos anos mais velhos (teste de Fisher, $p=0{,}000007$). Além disso, 200 ciclistas recreativos (88%) referiram ter conhecimento da legislação sobre capacetes no Ontário (ver quadro 2).

Quadro 2. Dados demográficos dos ciclistas de lazer

	Sétimo e oitavo anos	9.º e 10.º anos	11º e 12º anos	Teste do Qui-Quadrado (p)	Teste de Fisher (p)	Teste de Cochran-Armitage para tendência (p)
Ciclista/não-ciclista				0.048	0.059	0.02
Ciclista	93 (92%)	88 (89%)	45 (79%)			
Não-ciclista	8 (8%)	11 (11%)	12 (21%)			
Frequência de utilização do capacete				0.000015	0.0000066	0.000021
Sempre/frequentemente	82 (88%)	53 (60%)	26 (58%)			

Raramente/ocasionalmente/às vezes	11 (12%)	35 (40%)	19 (42%)			
Formado em direito				0.20*	0.22	0.13*
Sim	85 (91%)	80 (91%)	36 (82%)			
Não	8 (9%)	8 (9%)	8 (18%)			

*O quadrado de Chi é suspeito porque o número esperado é inferior a 5 em pelo menos uma célula

Dos 119 estudantes ciclistas que não confirmaram que usavam "sempre" o capacete, apenas 30 (25%) apresentaram uma razão para não usarem o capacete. Para os alunos dos 7º e 8º anos, a falta de uso de capacete foi mais frequentemente atribuída à falta de atenção e à natureza desconfortável dos capacetes (29% para cada). Os alunos do 9º e 10º anos atribuíram mais frequentemente a subutilização do capacete ao desconforto, tal como os alunos do 11º e 12º anos. Apenas 2 dos 30 (7%) alunos referiram que não usavam capacete porque não queriam estragar o cabelo (ver quadro 3).

Tabela 3. Razões para não usar capacete - deslocação para a escola

Motivos comunicados	**Sétimo e oitavo anos**	**9º e 10º anos**	**11º e 12º anos**
"Preguiça/Negligência"	2 (29%)	0 (0%)	0 (0%)
"Esqueci-me"	0 (0%)	2 (20%)	2 (15%)
"Com pressa"	0 (0%)	2 (20%)	0 (0%)
"Desconfortável"	2 (29%)	3 (30%)	6 (46%)
"Avariado/ demasiado pequeno/não tenho nenhum"	1 (14%)	0 (0%)	1 (8%)
"Estraga-me o cabelo"	0 (0%)	1 (10%)	1 (8%)
Outros*	2 (14%)	2 (20%)	3 (23%)

Outros incluem: "Recuso-me", "Ocupa demasiado espaço nos cacifos"

88 dos 115 ciclistas de lazer elegíveis (77%) deram uma explicação para o facto de não usarem capacete. A razão mais frequentemente referida pelos alunos do 7.º e 8.º anos foi a natureza desconfortável e a sua falta de atenção (26%). Nos dois grupos mais velhos, os alunos tomaram decisões mais intencionais de não usar o capacete, referindo a sua confiança na sua capacidade de andar de bicicleta ou a curta distância percorrida como motivo para não usar o capacete - 32% para o 9.º e 10.º anos e 11% para o 11.º e 12.º anos (ver quadro 4).

Quadro 4. Razões para não usar capacete - ciclismo de lazer

Motivos comunicados	**Sétimo e oitavo anos**	**9.º e 10.º anos**	**11º e 12º anos**
"Preguiça/Negligência"	3 (11%)	3 (9%)	3 (11%)
"Esqueci-me"	7 (26%)	3 (9%)	1 (4%)
"Com pressa"	0 (0%)	1 (3%)	1 (4%)
"Desconfortável"	7 (26%)	6 (18%)	4 (15%)
"Avariado/ demasiado pequeno/não tenho nenhum"	1 (4%)	3 (9%)	1 (4%)
"Estraga-me o cabelo"	0 (0%)	4 (12%)	4 (15%)
"Não tenho acidentes/Viajo em distâncias curtas"	5 (19%)	11 (32%)	8 (30%)
Outros*	4 (15%)	3 (9%)	5 (19%)

Outros incluem: "Recuso-me", "Não quero levá-lo?", "Sinto-me mais livre"

Discussão

Com apenas 47% dos alunos a declararem que utilizam a bicicleta como meio de transporte para a escola e apenas 16% desses ciclistas a declararem que utilizam frequentemente a bicicleta, os resultados deste inquérito realçam a "cultura automóvel" da Crescent School. A maioria dos alunos é deixada pelos pais, sendo que muitos dos alunos mais velhos (11.º e 12.º anos) utilizam o seu próprio veículo para se deslocarem para a escola. A maioria da população estudantil partilha o carro, com um grupo mais pequeno a utilizar os transportes públicos. Este facto não é surpreendente - a Crescent School é uma escola independente que atrai as famílias abastadas da comunidade de Toronto e, por isso, é mais provável que as famílias utilizem o transporte automóvel. Além disso, ao contrário das escolas do sistema público, uma escola independente aceita alunos de localizações geográficas fora do distrito. Isto permite inferir que há alunos que frequentam a Crescent School cujo único meio de transporte prático é o automóvel, omitindo possíveis ciclistas.

Para aqueles que se deslocam para a escola de bicicleta, parece que os alunos mais jovens têm maior probabilidade de se deslocarem se viverem a uma curta distância da escola. Os alunos mais velhos, por outro lado, têm uma maior proporção de indivíduos que se deslocam para a escola a uma distância maior. Este facto pode ser o resultado de determinadas caraterísticas de cada grupo etário. Os alunos mais velhos podem ser obrigados a deslocar-se de bicicleta se não houver opção de veículo; por conseguinte, terão de se deslocar independentemente da distância. Os alunos mais novos, por outro lado, são mais "cuidados" pelos pais nas deslocações de longa distância; os pais reservam tempo nos seus horários para os conduzir, em vez de encorajarem a longa viagem de bicicleta.

A elevada frequência de utilização de capacete nos alunos dos 7º e 8º anos é uma estatística encorajadora. Mostra que um maior número de alunos deste grupo etário estaria a usar equipamento de proteção em caso de acidente ou incidente relacionado com colisão. A baixa frequência de uso de capacete nas classes mais velhas está de acordo com os resultados da comunidade internacional, onde as crianças mais velhas não usam capacete com a mesma frequência que as crianças mais novas e mesmo os adultos (12,14). Quando associado ao facto de uma maior proporção de estudantes mais velhos percorrerem distâncias mais longas, este é um resultado infelizmente negativo.

A natureza desconfortável dos capacetes de bicicleta foi uma razão comum para uma menor utilização de capacete em todos os graus de ensino. Durante o ciclismo recreativo, os alunos do ensino secundário referiram mais frequentemente a confiança nas suas capacidades de ciclismo para evitar acidentes como motivo para não usarem capacete. Os alunos mais velhos acreditavam que não se envolveriam num acidente por estarem em controlo e, por isso, não viam qualquer valor no uso do capacete.

A sensibilização para a legislação relativa ao capacete foi surpreendente. Os alunos são constantemente lembrados de práticas seguras de ciclismo, incluindo o uso de capacete, desde tenra idade. No entanto, à medida que os alunos envelhecem, a escola e os professores afastam-se dos lembretes constantes - acreditam que os lembretes aos alunos nos seus anos de formação servem como uma base sólida. O facto de, estatisticamente, a sensibilização dos alunos mais velhos ser mais baixa pode justificar a necessidade de os lembrar com mais frequência.

Este estudo não foi isento de limitações. Embora o questionário fosse anónimo, existe a possibilidade de um enviesamento de resposta - os alunos podem reconhecer que a administração da Crescent School verá os resultados e, por isso, podem relatar os seus hábitos de ciclismo de uma forma mais "positiva". Em particular, os alunos mais jovens tendem a exagerar os seus resultados, uma vez que podem não estar tão confiantes no "anonimato" do inquérito, tal como foi determinado nas discussões de grupo com os alunos. Para além disso, a participação de apenas 62%, 53% e 32% dos alunos nos três grupos de anos de escolaridade pode ter dado origem a respostas que não são representativas de toda a população. Para além disso, alguns dos testes estatísticos, nomeadamente o teste do qui-quadrado, tinham células com valores esperados inferiores a 5 - embora isto seja indesejável, os valores esperados estavam próximos de 5 e servem como uma boa aproximação.

Em conclusão, apenas um pequeno grupo de estudantes utiliza regularmente a bicicleta para se deslocar para a escola. Os alunos mais jovens percorrem normalmente distâncias mais curtas de bicicleta entre a sua casa e a escola, enquanto os alunos mais velhos têm de percorrer distâncias maiores. Os alunos mais velhos usam capacetes com menos frequência do que os alunos mais novos e também não estão tão conscientes da legislação em vigor sobre o uso de capacetes. Mais lembretes e sessões educativas sobre a importância dos capacetes poderiam ajudar a aumentar a utilização de capacetes pelos alunos em todos os graus de ensino.

Agradecimentos

Gostaríamos de agradecer à administração da Crescent School, nomeadamente a Colin Lowndes, Nick Kovacs, Robert Costanzo e Roberta Longpre, pelo seu apoio na aplicação do questionário. Gostaríamos também de reconhecer e agradecer a Fraser Bertram pela sua ajuda no início e desenvolvimento do questionário. Este capítulo é uma versão revista e adaptada de um artigo original publicado no International Journal of Adolescent Medicine and Health por Walter de Gruyter em Berlim com permissão - Chow R, Hollenberg D, Pintilie A, Midroni C, Cumner S. Helmet use of adolescent cyclists at Crescent School in Toronto, Canada. Int J Adolesc Med Health 2016 Mar 02. doi.org/10.1515/ijamh-2015-0123.

Referências

1. Baker SP, Li G, Fowler G, Dannenberg AL. Lesões em ciclistas: A national perspective. Baltimore, MD: Centro de Prevenção de Lesões da Universidade John Hopkins, 1993.

2. Friede AM, Azzara CV, Gallagher SS, Guyer B. The epidemiology of injures to bicycle riders. Pediatr Clin North Am 1985;32(1):141-51.

3. Sacks JJ, Holmgreen P, Smith SM, Sosin DM. Lesões na cabeça e mortes associadas à bicicleta nos Estados Unidos de 1984 a 1988. Quantos são evitáveis? JAMA 1991;266(21):3016-8.

4. Selbst SM, Alexander D, Ruddy R. Lesões relacionadas com a bicicleta. Am J Dis Child 1987;141(2):140-4.

5. Thompson RS, Rivara RP, Thompson DC. A case control study of the effectiveness of bicycle safety helmets (Um estudo de controlo de casos sobre a eficácia dos capacetes de segurança para bicicletas). N Engl J Med 1989;320:1361-7.

6. Thompson DC, Thompson RS, Rivara P, Wolf M. A case control study of the effectiveness of bicycle safety helmets in preventing facial injuries. Am J Public Health 1990;80(12):1471-4.

7. Rivara FP, Thompson DC, Patterson M, Thompson RS. Prevention of bicycle- related injuries: helmets, education and legislation (Prevenção de lesões relacionadas com a bicicleta: capacetes, educação e legislação). Anna Rev Saúde Pública 1998;19:293-318.

8. Lee B, Schofer J, Koppelman F. Bicycle safety helmet legislation and bicycle- related non-fatal injuries in California. Accid Anal Prev 2004;37(1):93-102.

9. Dannenberg AL, Cote TR, Kresnow MJ, Sacks JJ, Lipsitz CM, Schmidt ER. Utilização de capacetes de bicicleta por adultos: o impacto da companhia. Public Health Rep 1993;108(2):212-7.

10. Ni H, Sacks JJ, Curtis L, Cieslak PR, Hedberg K. Avaliação de uma lei estadual sobre capacetes para bicicletas através de múltiplas medidas de utilização de capacetes. Arch Pediatr Adolesc Med 1997;151(1):59-65.

11. Abularrage JJ, DeLuca AJ, Abularrage CJ. Effect of education and legislation on bicycle helmet use in a multiracial population (Efeito da educação e da legislação na utilização de capacetes de bicicleta numa população multirracial). Arch Pediatr Adolesc Med 1997;151(1):41-4.

12. Cameron M, Vulcan AP, Finch C, Newstead S. Uso obrigatório de capacete de bicicleta após uma década de promoção do capacete em Victoria, Austrália: An evaluation. Accid Anal Prev 1994;26(3):325-7.

13. Chow R. Um projeto-piloto de um programa de tutoria online para várias idades: aprendizagem virtual da escola Crescent (vLearning). Int J Adolesc Med Health 2016;28(4):451- 3.

14. Wood T, Milne P. Head injuries to pedal cyclists and the promotion of helmet use in Victoria, Australia. Accid Anal Prev 1988;20:177-85.

Capítulo 6

O desempenho académico é um indicador da aptidão física?

Ronald Chow, Cooper Midroni, Drew Hollenberg e Stuart Cumner, BSc, PGCE

Crescent School, Toronto, Ontário, Canadá

Muitos estudos investigaram se níveis elevados de atividade física e de aptidão física melhoram o desempenho académico das crianças, mas apenas alguns examinaram se é a aptidão física que varia com o desempenho académico. O objetivo deste estudo era examinar se o desempenho académico é, de facto, um indicador da aptidão física. Para este estudo, foram recrutados alunos do ensino secundário para obter os valores e as informações necessárias. Os dados adquiridos para o desempenho académico basearam-se numa lista pública de honra distribuída pela comunidade escolar e a aptidão física foi avaliada através do tempo de corrida de uma milha e da pressão arterial e frequência cardíaca em repouso e pós-ativa. Não se verificaram diferenças de proporção entre os grupos académicos para quaisquer medidas de aptidão física. Não se chegou a uma conclusão do tipo "os alunos com melhor desempenho académico são menos aptos fisicamente"; todos os grupos académicos tinham níveis relativamente semelhantes de aptidão física. Isto pode dever-se às aulas obrigatórias de educação física e de saúde que todos os estudantes frequentam; os níveis de aptidão física são semelhantes devido a uma formação semelhante.

Correspondência: Ronald Chow BMSc(C), Crescent School, Toronto, Ontário, Canadá. Correio eletrónico: rchow48@uwo.ca

Introdução

É do conhecimento geral que a manutenção da aptidão física reduz o risco de doenças cardiovasculares, cancro do cólon, diabetes, morte prematura e obesidade (1). Para além destes benefícios para a saúde, a atividade física e a aptidão física estão associadas a melhorias no trabalho, no lazer e na qualidade de vida em geral (2).

Numerosos estudos investigaram se níveis elevados de atividade física e de aptidão física melhoram o desempenho académico das crianças (3-8). Dwyer et al. sugeriram que a atividade física melhora o desempenho académico (3), tendo outro estudo realizado por Castelli et al. relatado uma associação semelhante (4). No entanto, outros estudos concluíram resultados contraditórios (5-7), enquanto um estudo não conseguiu chegar a qualquer associação (8).

Embora estes estudos e muitos outros tenham tentado determinar se a aptidão física é um fator determinante do desempenho académico, apenas alguns estudos examinaram se é a aptidão física que varia com o desempenho académico. O objetivo do presente estudo era examinar se o desempenho académico é, de facto, um indicador da aptidão física.

Métodos

A Crescent School é uma escola diurna independente só para rapazes em Toronto, Canadá, com mais de 700 alunos; é constituída por três secções: Os graus 3-6 (Lower School), 7-8 (Middle School) e 9-12 (Upper School) (9). Para este estudo, foram recrutados alunos da Middle School. Os dados relativos ao desempenho académico foram obtidos com base numa lista pública de honra distribuída à comunidade escolar em dezembro, que indica a colocação dos alunos nos seguintes intervalos 80,0%-84,9%, 85,0%-89,9% e 90,0%+.

Utilizando monitores de pressão arterial no braço, a pressão sistólica (PS) e a pressão diastólica (PD) foram registadas em milímetros de mercúrio (mmHg). Os aparelhos registaram igualmente a frequência cardíaca dos alunos, em termos de batimentos por minuto (bpm). A pressão arterial (PA) e a frequência cardíaca (FC) dos alunos da Middle School foram registadas antes e imediatamente após (em segundos) os alunos terem efectuado uma avaliação de corrida de uma milha na aula de educação física e saúde. Além disso, o monitor comparava as leituras com a norma canadiana e fornecia cores - o verde indica normal e o amarelo hipertensão (SP - superior a 140 mmHg; DP -

superior a 90 mmHg). As leituras foram efectuadas em meados de outubro, durante as aulas de educação física e de saúde programadas.

Os alunos foram divididos em 4 grupos de acordo com o seu desempenho académico: inferior a 80,0%, 80,0%-84,9%, 85,0%-89,9% e superior a 90,0%. Foi utilizado um teste de qui-quadrado (homogeneidade de proporções) para examinar a diferença de proporções entre os grupos. Todas as análises foram efectuadas utilizando o Statistical Analysis Package (SAS Versão 9.4 para Windows).

Resultados

Dos 164 alunos da Escola Secundária, 136 alunos participaram no estudo. 28 (21%) alunos tiveram médias globais abaixo de 80,0%, com 40 (29%), 49 (36%) e 19 (14%) alunos com médias entre 80,0% e 84,9%, entre 85,0% e 89,9% e acima de 90,0%, respetivamente. Não houve diferença na proporção entre os grupos académicos para o tempo de corrida de uma milha ($p=0$,4177). Da mesma forma, a PA em repouso e a PA pós-ativa entre os grupos não foram significativamente diferentes (SP em repouso, $p=0$,3698; DP em repouso, $p=0$,9630; SP pós-ativa, $p=0$,8403; DP pós-ativa, $p=0$,4759). Da mesma forma, a FC em repouso e pós-ativa não foi substancialmente diferente consoante o desempenho académico (FC em repouso, $p=0$,2187; FC pós-ativa, $p=0$,0892) (ver tabela 1).

Os tempos médios de corrida de milha por desempenho académico foram de 07:41, 07:41, 07:57 e 07:03, respetivamente, para menos de 80,0%, 80,0%-84,9%, 85,0%-89,9% e mais de 90,0%. 115,25 mmHg, 116,48 mmHg, 117,08 mmHg e 117,16 mmHg foram os valores médios da PS em repouso nos grupos, por ordem crescente de classificação académica. A DP média em repouso nas classificações académicas foi de 71,79 mmHg, 70,78 mmHg, 73,51 mmHg e 74,53 mmHg. Os alunos com médias superiores a 90,0% apresentaram a FC de repouso média mais elevada, de 94,42 bpm, com os grupos de médias sucessivamente mais baixas a apresentarem FC de repouso média mais baixa - 88,57 bpm para 85,0%-89,9%; 87,58 bpm para 80,0%-84,9% e 84,89 bpm para menos de 80,0%. A média da PS pós-ativa registada por ordem crescente de marcas foi de 143,22 mmHg, 137,85 mmHg, 139,31 mmHg e 137,29 mmHg, enquanto a média da DP pós-ativa, pela mesma ordem, foi de 82,09 mmHg, 76,12 mmHg, 77,42 mmHg e 79,88 mmHg. 130,47 bpm, 127,29 bpm, 135,15 bpm e 113,70 bpm foram as médias da FC pós-ativa, de acima de 90,0% para abaixo de 80,0% (ver tabela 2).

Quadro 1. Desempenho académico e aptidão física dos estudantes

	n (%)				valor de p
Desempenho académico					0.0015
Inferior a 80,0%	28 (21%)				
80.0%-84.9%	40 (29%)				
85.0%-89.9%	49 (36%)				
Acima de 90,0%	19 (14%)				
	Inferior a 80,0% n (%)	**80.0%-84.9% n (%)**	**85.0%-89.9% n (%)**	**Acima de 90,0% n (%)**	**valor de p**
Tempo de corrida de milha (min)					0.4177*
Menos de 06:00	3 (11%)	4 (10%)	6 (12%)	4 (21%)	
06:00-06:59	8 (29%)	10 (25%)	12 (25%)	9 (47%)	
07:00-07:59	6 (21%)	9 (23%)	8 (16%)	2 (11%)	
08:00-08:59	6 (21%)	13 (33%)	11 (22%)	1 (5%)	
Mais de 09:00	5 (19%)	4 (10%)	12 (24%)	3 (16%)	
Pressão sistólica em repouso					0.3698*
Normal	25 (89%)	34 (85%)	44 (90%)	19 (100%)	
Hipertensão (>140 mmHg)	3 (11%)	6 (15%)	5 (10%)	0 (0%)	
Pressão diastólica em repouso	25 (89%)	37 (93%)	44 (90%)	17 (89%)	0.9630*
Normal	3 (11%)	3 (8%)	5 (10%)	2 (11%)	

Hipertensão (>90 mmHg)					
Frequência cardíaca em repouso					0.2187*
Bradicardia (<60 bpm)	3 (11%)	0 (0%)	3 (6%)	0 (0%)	
Normal (60-100 bpm)	20 (71%)	32 (80%)	33 (67%)	12 (63%)	
Taquicardia (>100 bpm)	5 (18%)	8 (20%)	13 (27%)	7 (37%)	
Pressão sistólica pós-ativa					0.8403
Menos de 140 mmHg	14 (61%)	19 (58%)	26 (58%)	8 (47%)	
Superior a 140 mmHg	9 (39%)	14 (42%)	19 (42%)	9 (53%)	
Pressão diastólica pós-ativa					0.4759
Menos de 90 mmHg	18 (78%)	29 (88%)	40 (89%)	13 (76%)	
Superior a 90 mmHg	5 (22%)	4 (12%)	5 (11%)	4 (24%)	
Frequência cardíaca pós-ativa					0.0892*
Menos de 60 bpm	1 (4%)	0 (0%)	0 (0%)	0 (0%)	
60-100 bpm	3 (13%)	1 (3%)	0 (0%)	1 (6%)	
Mais de 100 bpm	19 (83%)	32 (97%)	45 (100%)	16 (94%)	

*Alguns valores esperados para o teste do qui-quadrado são inferiores a 5

Legenda: bpm - batimentos por minuto

min - minutos

mmHg - milímetros de mercúrio

Tabela 2. Aptidão física média

	Inferior a 80,0% $\bar{x} \pm s$	**80.0%-84.9%** $\bar{x} \pm s$	**85.0%-89.9%** $\bar{x} \pm s$	**Acima de 90,0%** $\bar{x} \pm s$
Tempo médio de quilómetros percorridos (min)	07:41 ± 01:24	07:41 ± 01:31	07:57 ± 01:53	07:03 ± 01:26
Pressão sistólica média em repouso (mmHg)	115.25 ± 20.37	116.48 ± 24.50	117.08 ± 16.54	117.16 ± 12.89
Pressão diastólica média em repouso (mmHg)	71.79 ± 24.26	70.78 ± 21.60	73.51 ± 15.96	74.53 ± 11.29
Frequência cardíaca média em repouso (bpm)	84.89 ± 15.77	87.58 ± 14.93	88.57 ± 16.21	94.42 ± 19.16
Pressão sistólica média pós-ativa (mmHg)	143.22 ± 25.05	137.85 ± 16.95	139.31 ± 22.20	137.29 ± 20.21
Pressão Diastólica Média Pós-Ativa (mmHg)	82.09 ± 27.97	76.12 ± 14.70	77.42 ± 19.85	79.88 ± 18.36
Frequência cardíaca média pós-ativa (bpm)	113.70 ± 25.50	135.15 ± 19.58	127.29 ± 13.83	130.47 ± 25.07

Legenda: bpm - batimentos por minuto

min - minutos

mmHg - milímetros de mercúrio

Discussão

Não havendo diferenças entre as coortes em nenhuma das medidas de aptidão física, é impossível concluir que o desempenho académico é um indicador de aptidão física. Não se chegou a uma conclusão do tipo "os estudantes com melhor desempenho académico são menos aptos fisicamente"; todos os grupos académicos tinham uma aptidão física relativamente semelhante.

A educação física e para a saúde (EFS) é uma disciplina obrigatória no ensino básico e secundário e, por isso, todos os alunos são submetidos semanalmente a atividade física e a treino de fitness. Independentemente do facto de a atividade física e a aptidão física melhorarem ou não o desempenho académico, qualquer melhoria no desempenho académico e na aptidão física seria observada em todos os grupos; todos os grupos melhorariam a aptidão física ao longo dos anos devido à sua participação nas aulas de Educação Física e Saúde durante a juventude.

O estudo não foi isento de limitações. Os monitores estavam por vezes incorretamente calibrados ou simplesmente avariados devido a dificuldades técnicas; as leituras da FC e da PA em repouso tiveram de ser efectuadas várias vezes em algumas ocasiões. As numerosas tentativas podem ter aumentado a PA e a FC em repouso devido ao stress colocado no corpo pelos monitores. Da mesma forma, algumas leituras da FC e da PA pós-activas não puderam ser obtidas; quando os alunos se sentaram imediatamente após a corrida de uma milha para que o monitor desse as suas leituras, o monitor deu um resultado de erro. Assim, os dados de alguns alunos não foram obtidos, uma vez que outra tentativa de leitura não daria a PA e a FC imediatamente após a corrida. Nas análises estatísticas, houve alguns testes de Qui-quadrado que produziram valores esperados múltiplos inferiores a 5; no entanto, os valores de p foram insignificantes, pelo que não foram retiradas conclusões para além da hipótese nula (as proporções são as mesmas em todos os escalões).

Em conclusão, não houve diferenças significativas nos tempos de corrida de uma milha, na PA em repouso e pós-ativa, e na FC em repouso e pós-ativa entre os diferentes grupos de desempenho académico. Este facto pode dever-se às aulas obrigatórias de Educação Física que todos os alunos frequentam; a aptidão física de todos os alunos é treinada para níveis semelhantes em todos os anos de escolaridade.

Agradecimentos

Gostaríamos de agradecer ao corpo docente da Crescent School, nomeadamente a Robert Costanzo, Jerry Hesse e Michael Brisbois pelo seu apoio na aplicação do questionário e na recolha de dados. Além disso, gostaríamos de agradecer a todos os alunos da Middle School por participarem no estudo e a todos os outros que ajudaram na recolha de dados, principalmente Peter Vaisanen e Stephen Verzyden. Este capítulo é uma versão revista e adaptada de um artigo original publicado no International Journal of Adolescent Medicine and Health por Walter de Gruyter em Berlim com autorização - Chow R, Midroni C, Hollenberg D, Cumner S. Is academic performance an indicator for physical fitness? Int J Disabil Hum Dev 2017;16(1)33-5.

Referências

1. Departamento de Saúde e Serviços Humanos dos EUA. Atividade física e saúde: A report of the Surgeon General. Atlanta, GA: Departamento de Saúde e Serviços Humanos dos EUA, Centros de Controlo e Prevenção de Doenças, 1996.

2. Colégio Americano de Medicina Desportiva. ACSM's guidelines for exercise testing and prescription, 7ª edição. Philadelphia, PA: Lippincott Williams Wilkins, 2006:7-58.

3. Dwyer T, Sallis JF, Blizzard L, Lazarus K, Dean K. Relation of academic performance to physical activity and fitness in children (Relação entre o desempenho académico e a atividade física e a aptidão física em crianças). Pediatr Exerc Sci 2001;13:225-37.

4. Castelli DM, Hillman CH, Buck SM, Erwin HE. Aptidão física e rendimento académico em alunos do terceiro e quinto ano. J Sport Exerc Psychol 2007;29:239-52.

5. Coe DP, Pivarnik JM, Womack CJ, Reeves MJ, Malina RM. Effect of physical education and activity on academic achievement in children (Efeito da educação física e da atividade no desempenho académico das crianças). Med Sci Sports Exerc 2006;38:1515-9.

6. Daley AJ, Ryan J. Academic performance and participation in physical activity by secondary school adolescents. Percept Mot Skills 2000;91:531-4.

7. Tremblay MS, Inman JW, Willms JD. The relationship between physical activity, self-esteem, and academic achievement in 12-year-old children. Pediatr Exerc Sci 2000;12:312-23.

8. Grissom JB. Aptidão física e rendimento académico. JEPonline 2005;8(1):11-25.

9. Chow R. Um projeto-piloto de um programa de tutoria online para várias idades: aprendizagem virtual da escola Crescent (vLearning). Int J Adolesc Med Health 2016;28(4):451- 4.

Capítulo 7

As aulas de educação física e de saúde melhoram a aptidão física?

Ronald Chow, Drew Hollenberg, Cooper Midroni e Stuart Cumner, BSc, PGCE

Crescent School, Toronto, Ontário, Canadá

O exercício contínuo tradicional, bem como o treino intervalado de alta intensidade de baixo volume em adultos, demonstraram oferecer benefícios para a saúde cardio-metabólica. Com os benefícios da atividade física comprovados sem margem para dúvidas, os currículos educativos de todo o mundo implementaram programas de educação física e de saúde com o objetivo de promover um estilo de vida saudável através da atividade física e de hábitos saudáveis. O objetivo principal deste estudo foi determinar se a educação física e para a saúde, isoladamente e sem qualquer alteração, melhorou a frequência cardíaca (FC), a pressão arterial sistólica (PS) e a pressão arterial diastólica (PD) dos adolescentes da Crescent School. A FC, a PS e a PD foram registadas nos alunos antes e imediatamente após terem corrido uma milha, e foram efectuadas análises estatísticas para determinar se havia alguma diferença na FC, na PS e na PD desde a linha de base, no início do ano, até ao segundo período, a meio do ano letivo. Embora os tempos de corrida de uma milha tenham melhorado da linha de base para o 2º período, a PS, a PD e a FC não registaram alterações significativas de um período para outro. Este estudo sugere que a SP, a DP e a FC não são afectadas pelas aulas de educação física e de saúde, mas é importante ter em conta que o grupo de amostra já era um grupo muito saudável e ativo.

Correspondência: Ronald Chow BMSc(C), Infinitas Research Group, Unit 1711-1235 Richmond St, London, ON N6A 0C1, Canadá. Correio eletrónico: rchow48@uwo.ca

Introdução

É bem sabido que a atividade física e a aptidão aeróbica são indicadores da saúde cardio-metabólica nos jovens. Por conseguinte, os benefícios para a saúde da atividade física regular são importantes para os educadores interessados em promover uma vida saudável (13). Alguns estudos observaram um declínio acentuado da atividade física desde a infância e durante a adolescência (4) e, embora se recomende 60 minutos diários de exercício moderado a vigoroso (5), apenas algumas crianças e adolescentes cumprem a dose recomendada (6).

O exercício contínuo tradicional, bem como o treino intervalado de alta intensidade de baixo volume em adultos, demonstraram ter benefícios para a saúde cardio-metabólica (7). 26 semanas de treino de alta intensidade melhoraram o consumo máximo de oxigénio, a sensibilidade à insulina, a oxidação lipídica e a composição corporal (8-11). Do mesmo modo, o treino traz melhorias no desempenho físico e na saúde cardio-metabólica, incluindo a pressão arterial sistólica e o índice de massa corporal (12-14).

Com os benefícios da atividade física comprovados, os currículos escolares de todo o mundo implementaram programas de educação física e de saúde com o objetivo de promover um estilo de vida saudável através da atividade física e de hábitos saudáveis. Um estudo de Hou et al (15) registou uma melhoria da frequência cardíaca (FC) e da pressão arterial (PA) - pressão arterial sistólica (PS) e pressão arterial diastólica (PD) - como resultado da educação física. Enquanto um estudo de Barker et al (3) não registou melhorias na PS, PD e no índice de massa corporal (IMC); ambos os estudos, no entanto, eram estudos de intervenção e tentaram melhorar a FC e a PA através da implementação de um novo regime de exercício. O principal objetivo deste estudo foi determinar se a educação física e para a saúde, isoladamente e sem qualquer alteração, melhorou a FC, a PS e a PA dos adolescentes da Crescent School - uma escola diurna independente só para rapazes em Toronto, Canadá, com mais de 700 alunos; é constituída por três divisões: Graus 3-6 (Lower School), Graus 7-8 (Middle School) e Graus 9-12 (Upper School) (16).

Métodos

Foi realizada uma revisão da literatura selecionada para analisar alguma literatura pré-existente importante e relevante para o estudo. Foi efectuada uma pesquisa na EMBASE de 1974 a 4 de setembro de 2015 e na Ovid MEDLINE(R) In-Process & Other Non-Indexed Citations, Ovid MEDLINE(R) Daily, Ovid MEDLINE(R) e Ovid OLDMEDLINE(R) de 1946 até ao presente (4 de setembro de 2015). Os principais termos de pesquisa incluíram "pressão arterial", "frequência de pulso", "educação física e treinamento". Os títulos e os resumos (T&A) foram analisados para identificar se o artigo abordava as alterações no pulso e na pressão arterial como resultado da atividade física. Os artigos com texto integral foram incluídos com base em critérios de inclusão e exclusão pré-especificados; apenas foram incluídos estudos em língua inglesa e estudos que relatavam alterações na pressão arterial e na frequência de pulso ao investigar a atividade física em adolescentes.

Figura 1. Inquérito

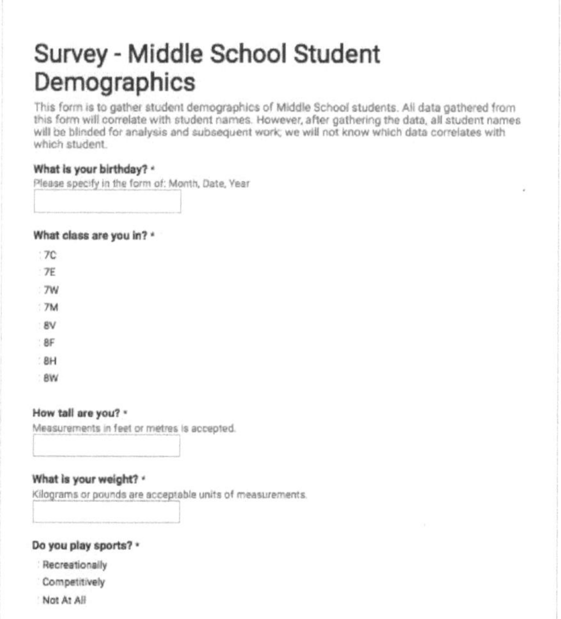

Survey - Middle School Student Demographics

This form is to gather student demographics of Middle School students. All data gathered from this form will correlate with student names. However, after gathering the data, all student names will be blinded for analysis and subsequent work; we will not know which data correlates with which student.

What is your birthday? *

Please specify in the form of: Month, Date, Year

What class are you in? *

7C
7E
7W
7M
8V
8F
8H
8W

How tall are you? *

Measurements in feet or metres is accepted.

What is your weight? *

Kilograms or pounds are acceptable units of measurements.

Do you play sports? *

Recreationally
Competitively
Not At All

Sports

What sport(s) do you play? *

X-Country
Soccer
Volleyball
Hockey
Basketball
Swimming
Tennis
Badminton
Track and Field
Rugby
Other:

In one week, how many hours would you spend training/playing the sport? *

Less than 2 hours
2-5 hours
5-10 hours
10-20 hours
20-30 hours
More than 30 hours

Workout

Do you workout? *
Do you use gym facilities to workout?

Yes
No

How often do you workout? *

Once to twice a week
Three to five times a week
Six to ten times a week
More than ten times a week

How long do you workout for, in one session? *

Less than 10 minutes
10-20 minutes
20-30 minutes
30-40 minutes
50-60 Minutes
40-50 Minutes
More than 60 Minutes

Briefly describe what your workout entails. *

Dieting

Do you watch what you eat? *
Do you try to eat healthy?

Yes
No
My parents do
Other:

Foi elaborado um questionário para recolher os dados demográficos dos alunos (ver figura 1). O questionário perguntava se os alunos praticavam desporto de forma competitiva, recreativa ou nenhuma das duas, o seu horário de treino e os seus hábitos alimentares. Se os alunos indicassem que praticavam desporto, passavam à fase seguinte do questionário, que descrevia em pormenor o grau de dedicação (número de horas, tipos de desporto); se os alunos afirmassem que praticavam exercício físico, também lhes era perguntado o pormenor do exercício. Além disso, os alunos declararam a sua altura e peso. O inquérito foi aplicado no primeiro mês do ano letivo.

Utilizando monitores de pressão arterial no braço, a pressão sistólica (PS) e a pressão diastólica (PD) foram registadas em milímetros de mercúrio (mmHg). Os aparelhos registaram igualmente a frequência cardíaca dos alunos, em termos de batimentos por minuto (bpm). A pressão arterial (PA) e a frequência cardíaca (FC) dos alunos da Escola Secundária foram registadas antes e imediatamente após os alunos terem efectuado uma avaliação de corrida de uma milha na aula de Educação Física e Saúde. Além disso, o monitor comparava as leituras com a norma canadiana e fornecia cores - o verde indica normal e o amarelo hipertensão (SP - superior a 140 mmHg; DP - superior a 90 mmHg). As leituras de base foram efectuadas em meados de outubro, durante as aulas de Educação Física e de Saúde, e as leituras do segundo período foram efectuadas no final de janeiro.

Os tipos de desportos foram agrupados em três blocos com base na época do ano em que a escola tem uma equipa competitiva - desportos do 1º período (X-country, futebol e voleibol), desportos do 2º período (hóquei, basquetebol, natação) e desportos do 3º período (ténis, badminton, atletismo, râguebi). Os "outros" desportos (squash, esqui, golfe) foram classificados como desportos de época em função da época do ano em que existe a equipa escolar para esse desporto. A duração média do treino foi também dividida em quatro grupos - menos de 20 minutos, 20-40 minutos, 40-60 minutos e mais de 60 minutos. Foi utilizado um teste de qui-quadrado (homogeneidade de proporções) para examinar a diferença de proporções nos resultados do inquérito e nas leituras de base e do segundo período. Foram utilizados testes T de 2 amostras para testar a diferença nos tempos médios de quilómetros percorridos, sístole média e diástole média, entre os graus e ao longo do tempo. Foi utilizado um teste de qui-quadrado para verificar se as proporções do segundo período eram semelhantes aos dados de base. Todas as análises foram efectuadas utilizando o Statistical Analysis Package (SAS Versão 9.4 para Windows).

Resultados

A pesquisa bibliográfica produziu 319 resultados na EMBASE e 574 resultados na MEDLINE. Dos 893 artigos, 31 foram identificados após a triagem de T&A para serem submetidos a uma triagem de texto completo (ver figura 2). 3 artigos correspondiam aos critérios de inclusão. Dois estudos relataram melhorias na PA (15, 17), sendo que um deles relatou adicionalmente melhorias na FC (15). Outro estudo não registou melhorias na PA e na FC (3) (ver tabela 1).

Figura 2. Diagrama de fluxo de informação para a revisão da literatura selecionada

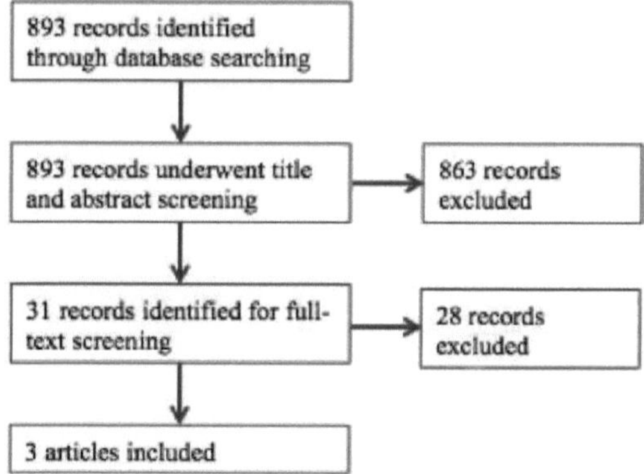

Quadro 1. Uma revisão da literatura selecionada

Estudo	Objetivo	Caraterísticas dos doentes	Conclusão
Barker et al 2014 (3)	Determinar se 2 semanas de treino intervalado de alta intensidade teriam um efeito benéfico na aptidão aeróbica, na oxidação de gorduras, na pressão arterial e no índice de massa corporal	Dez adolescentes do sexo masculino, com idades compreendidas entre os 14 e os 16 anos, que eram saudáveis e participavam nas suas aulas semanais de Educação Física,	Foram observados efeitos benéficos nos parâmetros da função aeróbica e da oxidação lipídica, mas não na tensão arterial e no IMC

	em rapazes adolescentes saudáveis	bem como em desportos organizados	
Hou et al 2014 (15)	Observar os efeitos fisiológicos e psicológicos dos exercícios de saúde tradicionais chineses nos adolescentes	136 estudantes saudáveis da Escola Secundária de Pequim, com idades compreendidas entre os 13 e os 15 anos	Foram observados benefícios fisiológicos (frequência cardíaca e tensão arterial) e psicológicos na sequência dos exercícios de saúde
McMurray et al 2002 (17)	Avaliar o efeito do aumento da componente aeróbica do programa de atividade física da escola na pressão arterial e na gordura corporal dos jovens adolescentes.	1140 adolescentes em idade escolar de cinco escolas secundárias rurais da Carolina do Norte	Um programa de exercício físico tem um efeito positivo na pressão arterial, independentemente da perda de peso corporal

Dos 164 alunos da Middle School, 130 preencheram o inquérito, dos quais 66 (51%) eram alunos do 7º ano e 64 (49%) do 8º ano. A maioria dos alunos referiu praticar desporto de forma competitiva ($p<0$,0001) - 106 alunos (82%) praticavam desporto de forma competitiva, 22 (17%) praticavam desporto de forma recreativa e 2 (2%) não praticavam desporto. Destes 128 atletas, muitos referiram treinar entre 5-10 horas por semana (43 alunos, 34%) e outros entre 10-20 horas por semana (41 alunos, 32%) ($p<0$,0001). Muitos alunos praticavam vários desportos; 128 alunos praticavam 424 desportos (3,31 desportos/pessoa). Alguns alunos praticavam desportos do 2º período, nomeadamente hóquei, e representavam 41% dos desportos ($p<0$,0001). 73 (56%) e 57 (44%) alunos afirmaram fazer e não fazer exercício físico, respetivamente. Dos 73 alunos, 31 (42%) e 32 (44%) referiram praticar exercício físico uma a duas vezes e três a cinco vezes por semana, respetivamente; a maioria dos alunos praticava menos de cinco vezes por semana, enquanto uma pequena percentagem praticava mais de cinco vezes por semana ($p<0$,0001). Raramente (3 alunos, 4%) a duração média do treino foi inferior a 20 minutos, e 28 (38%), 26 (36%) e 16 (22%) alunos referiram treinos de 20-40 minutos, 40-60 minutos e mais de 60 minutos ($p<0$,0001). 78 alunos (60%) referiram ter consciência dos seus hábitos alimentares (ou seja, tentam comer de forma saudável), 17 alunos (13%) referiram falta de atenção e 35 alunos (27%) mencionaram que os pais supervisionam a sua alimentação ($p<0$,0001). Apenas 5 alunos (4%) tinham um índice de massa corporal (IMC) entre 25 e 30, enquanto todos os outros 125 alunos (96%) tinham um IMC inferior a 25 ($p<0$,0001) (ver quadro 2).

Tabela 2. Dados demográficos dos alunos

	n (%)	**valor de p**
Notas		0.8608
Grau 7	66 (51%)	
Grau 8	64 (49%)	
Desporto		<0.0001
Em concorrência	106 (82%)	
De forma recreativa	22 (17%)	
De modo algum	2 (2%)	
Horas de formação por semana		<0.0001
Menos de 2 horas	6 (5%)	
2-5 horas	21 (16%)	
5-10 horas	43 (34%)	
10-20 horas	41 (32%)	
20-30 horas	16 (13%)	
Mais de 30 horas	1 (1%)	
Tipos de desporto	95 (22%)	<0.0001

Termo 1 Período 2 Termo 3	174 (41%) 155 (37%)	
Treino Sim Não	 73 (56%) 57 (44%)	0.1605
Frequência do treino Uma a duas vezes por semana Três a cinco vezes por semana Seis a dez vezes por semana Mais de dez vezes por semana	 31 (42%) 32 (44%) 9 (12%) 1 (1%)	<0.0001
Duração média do treino Menos de 20 minutos 20-40 minutos 40-60 minutos Mais de 60 minutos	 3 (4%) 28 (38%) 26 (36%) 16 (22%)	<0.0001
Consciência dos hábitos alimentares Sim Não Os meus pais são	 78 (60%) 17 (13%) 35 (27%)	<0.0001
Índice de Massa Corporal Menos de 25 25 - 30 Mais de 30	 125 (96%) 5 (4%) 0 (0%)	<0.0001

75 (54%) e 64 (46%) alunos do 7º e 8º ano, respetivamente, participaram nas leituras de base. Uma pequena minoria de alunos correu uma milha inferior a 6 minutos (17 alunos, 12%), com uma grande parte a correr uma milha de 6-7 minutos (40 alunos, 29%), seguida de uma milha de 8-9 minutos (31 alunos, 22%), uma milha de 7-8 minutos (27 alunos, 19%) e uma milha superior a 9 minutos (24 alunos, 17%) ($p=0$,0333). Apenas 10% e 9% dos alunos apresentavam PS e PD hipertensos, respetivamente ($p<0$,0001 para ambos), sendo que a grande maioria apresentava valores normais de PA em repouso. 99 alunos (71%) apresentaram frequência cardíaca normal em repouso, enquanto 33 (24%) e 7 (5%) alunos apresentaram taquicardia e bradicardia, respetivamente ($p<0$,0001). Dos 118 alunos que realizaram leituras pós-milha, 106 alunos (90%) apresentaram elevação da PS (>140 mmHg) e 18 alunos apresentaram elevação da PD (15%), após a corrida de milha. Uma parte significativa dos alunos tinha a SP elevada após a corrida ($p<0$,0001), enquanto uma grande percentagem de alunos não tinha a DP elevada ($p<0$,0001). A maioria dos alunos também apresentou FC elevada após a corrida de milha ($p<0$,0001); 112 (95%) alunos apresentaram FC acima de 100 bpm, enquanto apenas 5 e 1 aluno apresentaram 60-100 bpm e menos de 60 bpm, respetivamente. Os alunos do 8º ano, em média, correram a milha em menos tempo (07:13 contra 07:59; $p=0$,0065). Os alunos do 8º ano também apresentaram uma média de FC de repouso mais elevada (92 bpm vs. 85 bpm; $p=0$,0103) e uma média de PS pós-milha mais elevada (143 mmHg vs. 136 mmHg; $p=0$,0708)

(ver tabela 3).

Tabela 3. Leituras de base (Termo 1)

	n (%)	**valor *de p***
Notas		0.3508
Grau 7	75 (54%)	
Grau 8	64 (46%)	
Tempo de corrida de milha		
Menos de 6 minutos	17 (12%)	
6- 7 minutos	40 (29%)	0.0333
7- 8 minutos	27 (19%)	
8- 9 Minutos	31 (22%)	
Mais de 9 minutos	24 (17%)	
Pressão sistólica em repouso		<0.0001
Normal	125 (90%)	
Hipertensão (>140 mmHg)	14 (10%)	
Pressão diastólica em repouso		<0.0001
Normal	126 (91%)	
Hipertensão (>90 mmHg)	13 (9%)	
Frequência cardíaca em repouso		<0.0001
Bradicardia (<60 bpm)	7 (5%)	
Normal (60-100 bpm)	99 (71%)	
Taquicardia (>100 bpm)	33 (24%)	
Pressão sistólica pós-ativa		<0.0001
Menos de 140 mmHg	12 (10%)	
Superior a 140 mmHg	106 (90%)	
Pressão diastólica pós-ativa		<0.0001
Menos de 90 mmHg	100 (85%)	
Superior a 90 mmHg	18 (15%)	
Frequência cardíaca pós-ativa		<0.0001
Menos de 60 bpm	1 (1%)	
60-100 bpm	5 (4%)	
Mais de 100 bpm	112 (95%)	
	$\bar{x} \pm s$	**valor *de p***
Tempo médio de quilómetros percorridos (minutos)		0.0065
Grau 7	07:59 ± 01:48	
Grau 8	07:13 ± 01:28	

Pressão sistólica média em repouso (mmHg)		0.1318
Grau 7	114.65 ± 21.03	
Grau 8	119.75 ± 18.62	
Pressão diastólica média em repouso (mmHg)		0.4787
Grau 7	71.89 ± 18.66	
Grau 8	74.33 ± 21.39	
Frequência cardíaca média em repouso (bpm)		0.0103
Grau 7	85.12 ± 16.30	
Grau 8	92.11 ± 15.35	
Pressão sistólica média pós-ativa (mmHg)		0.0708
Grau 7	136.03 ± 17.31	
Grau 8	143.20 ± 24.20	
Pressão Diastólica Média Pós-Ativa (mmHg)		0.2999
Grau 7	76.46 ± 15.31	
Grau 8	80.45 ± 24.51	
Frequência cardíaca média pós-ativa (bpm)		0.5857
Grau 7	126.29 ± 18.44	
Grau 8	128.45 ± 23.69	

Legenda: mmHg - milímetros de mercúrio

bpm - batimentos por minuto

67 (48%) e 74 (53%) alunos do 7º e 8º ano, respetivamente, participaram nas leituras do 2º período. Uma grande parte dos alunos correu a milha em menos de 6 minutos (58 alunos, 41%), com proporções sucessivamente menores a correr a milha num tempo superior (6-7 minutos, 45 alunos, 32%; 7-8 minutos, 28 alunos, 20%; 8-9 minutos, 7 alunos, 5%; mais de 9 minutos, 2 alunos, 1%) ($p<0{,}0001$). Apenas 7% dos alunos apresentavam PS e PD hipertensos ($p<0{,}0001$), e a maioria dos alunos apresentava frequência cardíaca normal (66%) ($p<0{,}0001$). 41% e 22% dos alunos tinham a PS e a PD elevadas, respetivamente ($p=0{,}0522$ e $p<0{,}0001$, respetivamente). A grande maioria dos alunos (89%) apresentou uma FC pós-milha elevada ($p<0{,}0001$). Os alunos do 8º ano, em média, correram a milha num tempo significativamente menor (06:05 comparado com 06:44; $p=0{,}0001$). Os atletas de grau 7 tinham uma SP em repouso mais baixa (109,67 mmHg vs 118,52), DP (68,67 mmHg vs 74,26 mmHg) e FC (85,04 bpm vs 92,91 bpm) ($p=0{,}0032$, 0,0593 e 0,0080, respetivamente). Os atletas de grau 7 também apresentaram menor PS pós-milha (132,09 mmHg vs 143,35 mmHg) ($p=0{,}0045$) (ver tabela 4).

Tabela 4. Leituras do segundo período

	n (%)	**valor *de p***
Notas		0.5555
Grau 7	67 (48%)	
Grau 8	74 (53%)	
Tempo de corrida de milha	58 (41%)	<0.0001
Menos de 6 minutos	45 (32%)	

6- 7 minutos	28 (20%)	
7- 8 Minutos	7 (5%)	
8- 9 Minutos	2 (1%)	
Mais de 9 minutos		
Pressão sistólica em repouso		<0.0001
Normal	127 (93%)	
Hipertensão (>140 mmHg)	10 (7%)	
Pressão diastólica em repouso		<0.0001
Normal	127 (93%)	
Hipertensão (>90 mmHg)	10 (7%)	
Frequência cardíaca em repouso		<0.0001
Bradicardia (<60 bpm)	8 (6%)	
Normal (60-100 bpm)	89 (66%)	
Taquicardia (>100 bpm)	38 (28%)	
Pressão sistólica pós-ativa		0.0522
Menos de 140 mmHg	69 (59%)	
Superior a 140 mmHg	48 (41%)	
Pressão diastólica pós-ativa		<0.0001
Menos de 90 mmHg	91 (78%)	
Superior a 90 mmHg	26 (22%)	
Frequência cardíaca pós-ativa		<0.0001
Menos de 60 bpm	2 (2%)	
60-100 bpm	11 (9%)	
Mais de 100 bpm	104 (89%)	
	$\bar{x} \pm s$	**valor *de p***
Tempo médio de quilómetros percorridos (minutos)		0.0001
Grau 7	06:44 ± 00:57	
Grau 8	06:05 ± 01:01	
Pressão sistólica média em repouso (mmHg)		0.0032
Grau 7	109.67 ± 15.05	
Grau 8	118.52 ± 19.16	
Pressão diastólica média em repouso (mmHg)		0.0593
Grau 7	68.67 ± 13.37	
Grau 8	74.26 ± 20.25	
Frequência cardíaca média em repouso (bpm)	85.04 ± 16.77	0.0080
Grau 7	92.91 ± 17.18	

Grau 8		
Pressão sistólica média pós-ativa (mmHg)		0.0045
Grau 7	132.09 ± 16.86	
Grau 8	143.35 ± 24.71	
Pressão Diastólica Média Pós-Ativa (mmHg)		0.1245
Grau 7	78.26 ± 13.37	
Grau 8	84.21 ± 26.52	
Frequência cardíaca média pós-ativa (bpm)		0.2678
Grau 7	128.55 ± 24.53	
Grau 8	123.22 ± 26.93	

Legenda: mmHg - milímetros de mercúrio

bpm - batimentos por minuto

A proporção de alunos com um tempo de corrida da milha inferior a 6 minutos e entre 6 e 7 minutos aumentou substancialmente entre o 1º e o 2º período, resultando numa menor proporção de alunos a correr a milha em 8-9 minutos e mais de 9 minutos ($p<0,0001$). Uma maior proporção de alunos não registou um aumento da PS e da FC após a corrida da milha ($p<0,0001$ e $p=0,0097$, respetivamente). Os tempos de corrida de milha aumentaram para os alunos dos 7º e 8º anos, em média; o tempo médio de milha para os alunos do 7º ano diminuiu de 07:59 para 06:44 ($p<0,0001$) e de 07:13 para 06:05 para os alunos do 8º ano. O SP, o DP e a FC, em média, não diminuíram substancialmente de um período para outro (ver quadro 5).

Tabela 5. Comparação das leituras da linha de base e do termo 2

	Termo 1 (n (%))	**Termo 2 (n (%))**	**valor *de p***
Notas			0.1250
Grau 7	75 (54%)	67 (48%)	
Grau 8	64 (46%)	74 (53%)	
Tempo de corrida de milha			<0.0001
Menos de 6 minutos	17 (12%)	58 (41%)	
6- 7 minutos	40 (29%)	45 (32%)	
7- 8 minutos	27 (19%)	28 (20%)	
8- 9 Minutos	31 (22%)	7 (5%)	
Mais de 9 minutos	24 (17%)	2 (1%)	
Pressão sistólica em repouso			0.2809
Normal	125 (90%)	127 (93%)	
Hipertensão (>140 mmHg)	14 (10%)	10 (7%)	
Pressão diastólica em repouso			0.4091
Normal	126 (91%)	127 (93%)	
Hipertensão (>90 mmHg)	13 (9%)	10 (7%)	
Frequência cardíaca em repouso	7 (5%)	8 (6%)	0.3968
Bradicardia (<60 bpm)	99 (71%)	89 (66%)	
Normal (60-100 bpm)	33 (24%)	38 (28%)	

Taquicardia (>100 bpm)			
Pressão sistólica pós-ativa			<0.0001
Menos de 140 mmHg	12 (10%)	69 (59%)	
Superior a 140 mmHg	106 (90%)	48 (41%)	
Pressão diastólica pós-ativa			0.4123
Menos de 90 mmHg	100 (85%)	91 (78%)	
Superior a 90 mmHg	18 (15%)	26 (22%)	
Frequência cardíaca pós-ativa			0.0097
Menos de 60 bpm	1 (1%)	2 (2%)	
60-100 bpm	5 (4%)	11 (9%)	
Mais de 100 bpm	112 (95%)	104 (89%)	
	Termo 1 ($\bar{x} \pm s$)	**Termo 2 ($\bar{x} \pm s$)**	**valor *de p***
Tempo médio de quilómetros percorridos (minutos)			
Grau 7	07:59 ± 01:48	06:44 ± 00:57	<0.0001
Grau 8	07:13 ± 01:28	06:05 ± 01:01	<0.0001
Pressão sistólica média em repouso (mmHg)			
Grau 7	114.65 ± 21.03	109.67 ± 15.05	0.1061
Grau 8	119.75 ± 18.62	118.52 ± 19.16	0.7104
Pressão diastólica média em repouso (mmHg)			
Grau 7	71.89 ± 18.66	68.67 ± 13.37	0.2378
Grau 8	74.33 ± 21.39	74.26 ± 20.25	0.9841
Frequência cardíaca média em repouso (bpm)			
Grau 7	85.12 ± 16.30	85.04 ± 16.77	0.9784
Grau 8	92.11 ± 15.35	92.91 ± 17.18	0.7762
Pressão sistólica média pós-ativa (mmHg)			
Grau 7	136.03 ± 17.31	132.09 ± 16.86	0.2183
Grau 8	143.20 ± 24.20	143.35 ± 24.71	0.9737
Pressão Diastólica Média Pós-Ativa (mmHg)			
Grau 7	76.46 ± 15.31	78.26 ± 13.37	0.4996
Grau 8	80.45 ± 24.51	84.21 ± 26.52	0.4277
Frequência cardíaca média pós-ativa (bpm)			
Grau 7	126.29 ± 18.44	128.55 ± 24.53	0.5818
Grau 8	128.45 ± 23.69	123.22 ± 26.93	0.2638

Legenda: mmHg - milímetros de mercúrio

bpm - batimentos por minuto

Discussão

Com base no inquérito e nas leituras do 1.º período, podemos concluir que a maioria dos estudantes tem um estilo de vida ativo e saudável. Apenas 2% dos estudantes não praticam qualquer desporto, pelo que se conclui que os restantes 98% participam ativamente em desportos para ter um estilo de vida saudável. Além disso, a grande maioria dos estudantes dedicava 5 a 10 ou 10 a 20 horas por semana ao seu desporto; não só estão a levar um estilo de vida saudável, como estão a cumprir, se não a exceder, a recomendação de uma hora de atividade por dia (5). A maioria dos estudantes praticava desportos considerados "desportos do segundo período"; uma grande percentagem dos desportos do segundo período era o hóquei. As exigências físicas rigorosas do hóquei no gelo para o corpo, juntamente com as horas de atividade por semana, concluem decisivamente que a maioria dos estudantes pratica um estilo de vida ativo.

Como corolário, menos de 10% dos alunos apresentavam SP e DP hipertensos em repouso na linha de base e no 2º período. Além disso, a maioria dos alunos registou uma FC de repouso normal, com uma minoria notável a registar taquicardia; a taquicardia, no entanto, pode dever-se à ansiedade causada pelos monitores de tensão arterial e/ou à tarefa iminente de correr uma milha.

Em média, os alunos do 8º ano, em ambos os períodos, registaram tempos de milha mais rápidos. Este facto pode dever-se ao seu ano extra de educação física e de saúde, bem como à sua familiaridade com a avaliação da corrida de uma milha - foram igualmente submetidos à avaliação da corrida de uma milha no seu 7º ano. Os alunos do 8º ano apresentavam uma FC de repouso média mais elevada tanto na linha de base como no 2º período, mas este facto também pode ser explicado pela ansiedade e pela magnitude da avaliação da corrida de milha.

O tempo médio de corrida por quilómetro em ambos os anos de escolaridade diminuiu imenso desde o início até ao 2º período. Consequentemente, a proporção de alunos que correram quilómetros abaixo dos 6 minutos aumentou de forma espantosa de 12% para 41%. Este aumento é o resultado das aulas de física e saúde ao longo do ano letivo, que incentivam os alunos a melhorar a sua condição física em todas as aulas, durante os jogos e as rotinas de fitness. Apenas 89%, em vez de 95%, dos alunos registaram FC superiores a 100 bpm. A média da SP, DP e FC em repouso, bem como a média da SP, DP e FC pós-atividade sugerem que não há diferença entre a linha de base e o 2.º período; as aulas de educação física e de saúde não desempenham um papel importante na melhoria da aptidão física no que diz respeito aos sinais vitais, espelhando os dados recolhidos por Barker et al (3). Barker et al seguiram um grupo antes e depois de duas semanas, quando comparado com os poucos meses entre a linha de base e o Termo 2; os resultados deste estudo sugerem que, com mais tempo, ainda não há impacto nos sinais vitais. Isto, no entanto, está em consonância com o facto de a maioria dos alunos da Crescent School já ter um estilo de vida muito ativo; o esforço físico adicional durante uma semana devido à educação física e de saúde não melhora significativamente o seu estilo de vida, que de resto é muito ativo e saudável.

O estudo não foi isento de limitações. Embora os monitores de tensão arterial conseguissem fornecer leituras consistentes, houve alturas em que os monitores não conseguiram registar a PS, a DP e a FC. Este facto não constituiu um grande obstáculo para as leituras em repouso, uma vez que podiam ser simplesmente refeitas. No entanto, esta situação impossibilitava o registo imediato de leituras pós-activas, uma vez que os monitores não eram reiniciados para voltar a monitorizar a SP, a DP e a FC. A corrida de uma milha também foi efectuada em dois ambientes diferentes; as leituras de base foram efectuadas numa pista maior com menos voltas, enquanto as leituras do período 2 foram efectuadas numa pista mais pequena com maior número de voltas. Ambas as fases corresponderam a uma corrida de uma milha, mas a pista mais pequena aumentou o número de curvas durante a milha, levando potencialmente alguns alunos a "cortar" curvas e, por conseguinte, a reduzir a distância ligeiramente abaixo de uma milha. Além disso, nem todos os alunos puderam participar nas leituras de base e nas leituras do 2º período; a prática estatística utilizou médias para avaliar simplesmente o grupo como um todo, em vez de detetar alterações individuais.

Em conclusão, o grupo de alunos para o qual o SP, DP e FC foram monitorizados ao longo das aulas de educação física e de saúde era um grupo muito saudável com um estilo de vida ativo. Embora os seus tempos de corrida de milha tenham melhorado da linha de base para o 2º período, o seu SP, DP e FC não se alteraram significativamente de um período para outro. Os alunos do 8º ano, em média, correram um tempo de milha mais rápido do que os do 7º ano, potencialmente devido à sua experiência anterior na avaliação da corrida de milha. Este estudo sugere que o SP, o DP e a FC não são afectados pelas aulas de educação física e de saúde, mas é importante ter em conta que a amostra utilizada já era um grupo muito saudável e ativo.

Agradecimentos

Gostaríamos de agradecer ao corpo docente da Crescent School, nomeadamente a Michael Brisbois, pelo seu apoio na aplicação do questionário e na recolha de dados. Além disso, gostaríamos de agradecer a todos os alunos da Middle School por participarem no estudo e a todos os outros que ajudaram na recolha de dados, bem como a Peter Vaisanen e Stephen Verzyden por facilitarem a recolha de dados. Este capítulo é uma versão revista e adaptada de um artigo original publicado no International Journal of Adolescent Medicine and Health por Walter de Gruyter em Berlim com autorização - Chow R, Hollenberg D, Midroni C, Cumner S. Does physical and health education classes improve physical fitness? Int J Disabil Hum Dev 2017;16(2):171-8.

Referências

1. Anderson LB, Harro M, Sardinha LB, Froberg K, Ekelund U, Brage S, et al. Atividade física e risco cardiovascular agrupado em crianças: um estudo transversal (European Youth Heart Study). Lancet 2006;368:299-304.

2. Ekelund U, Anderssen SA, Froberg K, Sardinha LB, Andersen LB, Brage S. Associações independentes da atividade física e da aptidão cardiorrespiratória com factores de risco metabólico em crianças: The European Youth Heart Study. Diabetologia 2007;50:1832-40.

3. Barker AR, Day J, Smith A, Bond B, Williams CA. A influência de 2 semanas de treino intervalado de alta intensidade de baixo volume nos resultados de saúde em rapazes adolescentes. J Sports Science 2014;32(8):757-65.

4. Sherar LB, Esliger D, Baxter-Jones AD, Tremblay MS. Age and gender differences in youth physical activity: does physical maturity matter? Med Sci Sports Exerc 2007;39:830-5.

5. Janssen I, LeBlanc AG. Revisão sistemática dos benefícios para a saúde da atividade física e da aptidão física em crianças e jovens em idade escolar. Int J Behav Nutr Phys Activity 2010;7:40.

6. Metcalf BS, Voss LD, Hosking J, Jeffrey AN, Wilkin TJ. Physical activity at the government-recommended level and obesity-related health outcomes: a longitudinal study (Early Bird 37). Arch Dis Child 2008;93:772-7.

7. Gibala MJ, Little JP, Macdonald MJ, Hawley JA. Adaptações fisiológicas ao treino intervalado de baixo volume e alta intensidade na saúde e na doença. J Physiology 2012;590:1077-84.

8. Burgomaster KA, Howarth KR, Phillips SM, Rakobowchuk M, Macdonald MJ, McGee SL et al. Adaptações metabólicas semelhantes durante o exercício após um treino intervalado de sprint de baixo volume e um treino tradicional de resistência em humanos. J Physiology 2008;586:151-60.

9. Macpherson RE, Hazell TJ, Olver TD, Paterson DH, Lemon PW. O treino intervalado de corrida com sprint melhora o desempenho aeróbico mas não o débito cardíaco máximo. Med Sci Sports Exerc 2011;43:115-22.

10. Whyte LJ, Gill JM, Cathcart AJ. Effect of 2 weeks of sprint interval training on health-related outcomes in sedentary overweight/obese men (Efeito de 2 semanas de treino intervalado de sprint nos resultados relacionados com a saúde em homens sedentários com excesso de peso/obesos). Metabolismo 2010;59:1421-8.

11. Babraj JA, Vollaard NB, Keast C, Guppy FM, Cottrell G, Timmons JA. O treino intervalado de alta intensidade de duração extremamente curta melhora substancialmente a ação da insulina em jovens saudáveis do sexo masculino. BMC Endocrine Disord 2009;9:3.

12. Baquet G, Gamelin FX, Mucci P, Thevenet D, Van Praagh E, Berthoin S. Continuous vs. interval training aerobic in 8- to 11-year-old children. J Strength Conditioning Res 2010;24:1381-8.

13. McManus AM, Cheng CH, Leung MP, Yung TC, Macfarlane DJ. Improving aerobic power in

primary school boys: a comparison of continuous and interval training (Melhorar a potência aeróbica em rapazes do ensino primário: uma comparação entre treino contínuo e intervalado). Int J Sports Med 2005;26:781-6.

14. Buchan DS, Ollis S, Young JD, Thomas NE, Cooper SM, Tong TK et al. Os efeitos do tempo e da intensidade do exercício em marcadores novos e estabelecidos de DCV em jovens adolescentes. Am J Hum Biology 2011;23:517-26.

15. Hou ZW, Li YL, Zhang LH, Yu H, Miao YH, Gu XH. Efeito dos exercícios de saúde tradicionais chineses em 136 alunos do ensino fundamental. Chin J Integr Med 2014;20(3):232-4.

16. Chow R. Um projeto-piloto de um programa de tutoria online para várias idades: aprendizagem virtual da escola Crescent (vLearning). Int J Adolesc Med Health 2016; 28(4):451- 4.

17. McMurray R, Harrell JS, Bangdiwala SI, Bradley CB, Deng S, Levine A. A school-based intervention can reduce body fat and blood pressure in young adolescents. J Adolesc Health 2001;31(2):125-32.

Capítulo 8

Algumas breves reflexões de um professor/supervisor do ensino secundário

Stuart Cumner, BSc(Hons), PGCE

Crescent School, Toronto, Ontário, Canadá

Como professor, este aluno mostrou-me, a mim e a muitos outros, que é possível a um aluno com um objetivo claro, clareza de visão, paixão e motivação produzir um projeto de investigação que está ao nível da publicação e que tem uma importância global no que diz respeito às suas conclusões. Sinto-me privilegiada por ter estado envolvida, de uma forma muito pequena, nos projectos de investigação e estou entusiasmada com o que se avizinha para este líder excecional no mundo da saúde juvenil.

Correspondência: Stuart Cumner, Crescent School, 2365 Bayview Avenue, Toronto, Ontário, Canadá. Correio eletrónico: cumnersr@gmail.com

Como supervisor dos projectos da equipa de Ronald Chow na Crescent School, posso atestar a grande satisfação que um professor sente ao ver a investigação de um estudante universitário ser bem realizada e, em última análise, publicada, por estudantes do ensino secundário. O Ronald é um jovem excecional, como terá percebido nas páginas deste livro. Tem um dinamismo notável, tendo realizado numerosas publicações, em colaboração com outros, desde os 14 anos de idade.

Ronald, agora no papel principal, continuou a produzir trabalhos a um ritmo prodigioso apesar das pesadas exigências académicas e co-curriculares adicionais. Na Crescent School, foi sempre um dos alunos mais ocupados, mas manteve sempre uma disposição concentrada e alegre. O facto de continuar a produzir publicações importantes relacionadas com a saúde, através do seu recém-formado Grupo de Investigação Infinitas, é prova da paixão que tem pela ciência da investigação. Eu e a escola temos muito orgulho em ter o Ronald como um dos nossos antigos alunos.

Período de investigação no liceu

Em termos gerais, ao longo do seu período de investigação no liceu, juntamente com outros professores (nomeadamente o professor de Estatística da AP, Alex Pintilie), prestou apoio sempre que necessário. Os objectivos dos projectos do Ronald eram sempre claros e apelativos. A sua equipa pensou cuidadosamente nos projectos e sabia onde era necessário apoio. Para mim, enquanto professor, este apoio envolveu discussões sobre logística, trabalho com outros professores, obtenção de aprovação para o envolvimento dos alunos, trabalho com a equipa administrativa, cumprimento das diretrizes aceites pela escola em matéria de privacidade, revisão de projectos e atuação como caixa de ressonância geral. Como professor de biologia, consegui proporcionar uma oportunidade no curso de Biologia AP para um projeto de investigação. Como Diretor de Ciências, pude ajudar a orçamentar questões relacionadas com o equipamento necessário para a investigação.

Professores e estudantes

Em última análise, os professores querem que os seus alunos trabalhem de forma independente - desta forma, ganham a resiliência e a confiança necessárias para a investigação futura. No caso do Ronald, essa independência já estava em grande parte implementada quando o conheci. As suas equipas estavam sempre bem organizadas, procedendo à recolha de dados, realizando reuniões e fornecendo actualizações que cumpriam o calendário que elas próprias tinham estabelecido.

Por vezes, era necessário encorajamento. Um calendário exigente para a recolha de medições da tensão arterial e do ritmo cardíaco de alunos do ensino secundário, num projeto, revelou-se um desafio. Embora a equipa do Ronald tenha lidado bem com isso, foi necessário algum encorajamento. Senti sempre que o meu papel era estar presente como uma rede de segurança, prestando apoio sempre que necessário.

Conclusões

Trabalhei com Ronald Chow nos seus dois últimos anos de liceu. Durante esse tempo, aprendi muito com este jovem notável. O facto de os seus projectos se centrarem na saúde dos nossos jovens confere um peso extra ao trabalho que está a realizar. Ronald mostrou-me, a mim e a muitos outros, que é possível a um estudante com um objetivo claro, clareza de visão, paixão e motivação produzir um projeto de investigação que esteja ao nível da publicação e que tenha importância global no que diz respeito às suas conclusões. Sinto-me privilegiado por ter estado envolvido, de uma forma muito pequena, nos projectos do Ronald e estou entusiasmado com o que se avizinha para este líder excecional no mundo da saúde juvenil.

Capítulo 9

Reflexões finais de um investigador estudante do ensino secundário

Ronald Chow, BMSc(C)

Crescent School, Toronto, Ontário, Canadá; Infinitas Research Group, London, Ontário, Canadá

A Crescent School foi muito além do seu dever em termos de educação, orientando e guiando os alunos para a publicação em revistas internacionais revistas por pares. Todo o processo de colaboração com professores, docentes e alunos para trabalhar num manuscrito é algo que não pode ser imitado pelas escolas através dos típicos trabalhos de redação. É verdadeiramente espantoso poder ser tratado como um colega de investigação pelos seus modelos e professores do ensino secundário. O processo de colaboração também dá aos estudantes investigadores a oportunidade de aprenderem não só conhecimentos académicos na sala de aula com os professores, mas também de aprenderem observando as capacidades de trabalho em equipa, as competências interpessoais e a ética de trabalho dos seus professores. Quando embarquei no meu primeiro projeto na Crescent School, tive um enorme apoio e supervisão dos professores e do corpo docente, e não podia desejar mais nada. A frase comum "É preciso uma aldeia para educar uma criança" não podia ser mais verdadeira - todos os professores deram o seu melhor para garantir que eu e os meus colegas investigadores pudéssemos ter sucesso de todas as formas possíveis. Estavam sempre receptivos a reunir-se comigo para analisar as questões de investigação e o desenho do estudo, sempre disponíveis para ajudar na análise estatística e ansiosos por editar todos os rascunhos que lhes chegavam às mãos! É, sem dúvida, uma experiência memorável e benéfica, e outras escolas deveriam explorar a possibilidade de apoiar os seus alunos em projectos semelhantes.

Correspondência: Ronald Chow BMSc(C). Crescent School, Toronto, Ontário, Canadá.

Correio eletrónico: rchow48@uwo.ca

Introdução

Estaria a mentir se dissesse que o meu primeiro artigo publicado foi escrito dentro das paredes da Crescent School. Eu era um aluno do 8º ano a trabalhar num hospital quando fui coautor do meu primeiro artigo, e um aluno do 9º ano quando fui o primeiro autor de um artigo. Trabalhar no hospital foi um privilégio tremendo que nunca tomarei como garantido - foi verdadeiramente inspirador trabalhar com especialistas de classe mundial durante todo o processo de investigação e aprender com a sua riqueza de conhecimentos e experiência.

Quando iniciei o primeiro projeto de investigação na Crescent School, no 11º ano, tive a sorte de ter participado em 35 publicações. No entanto, para minha grande surpresa, o trabalho em que ajudaria na Crescent School seria o projeto mais memorável de que faria parte na minha jovem carreira.

Escola Crescent

A Crescent School foi muito além do seu dever em termos de educação, orientando e guiando os alunos para a publicação em revistas internacionais revistas por pares. Todo o processo de colaboração com professores, docentes e alunos para trabalhar num manuscrito é algo que não pode ser imitado pelas escolas através dos típicos trabalhos de redação. É verdadeiramente espantoso poder ser tratado como um colega de investigação pelos seus modelos e professores do ensino secundário. O processo de colaboração também dá aos estudantes investigadores a oportunidade de aprenderem não só conhecimentos académicos na sala de aula com os professores, mas também de aprenderem observando as capacidades de trabalho em equipa, as competências interpessoais e a ética de trabalho dos seus professores.

Quando embarquei no meu primeiro projeto na Crescent School, tive um enorme apoio e supervisão dos professores e do corpo docente, e não podia desejar mais nada. A frase comum "É preciso uma aldeia para educar uma criança" não podia ser mais verdadeira - todos os professores deram o seu melhor para garantir que eu e os meus colegas estudantes investigadores pudéssemos ter sucesso de todas as formas possíveis. Estavam sempre receptivos a reunir-se comigo para analisar as questões de investigação e o desenho do estudo, sempre disponíveis para ajudar na análise estatística e ansiosos por editar todos os rascunhos que lhes chegavam às mãos!

O que é talvez mais incrível é a capacidade da escola para fomentar o crescimento dos estudantes investigadores. À medida que fui avançando para projectos de investigação mais recentes e maiores, a escola continuou a apoiar os projectos de investigação de maior escala e a permitir que os alunos desempenhassem um papel mais importante na condução do estudo. Gostaria de acreditar que a flexibilidade e a compreensão da escola em relação aos nossos esforços permitiram que os alunos e os professores supervisores passassem do papel sempre importante de mentor-mentorando para o de par-parceiro, à medida que os alunos se tornavam mais confiantes e competentes nas suas capacidades.

A oportunidade oferecida pela Crescent School permitiu-me aproximar-me pessoalmente das minhas aspirações de ser um cientista clínico no futuro. É uma experiência notável aprender tanto o conhecimento dos professores na sala de aula como o trabalho em equipa, as competências interpessoais e a ética de trabalho dos professores quando se trabalha com eles numa relação mentor-mentorando e até mesmo entre pares.

Depois da escola Crescent

O processo de investigação na Crescent School não só proporcionou a oportunidade de colaborar e publicar manuscritos, como também me valeu, a mim e aos meus colegas, convites para conferências nacionais/internacionais. Com a aprovação da escola, tive a sorte de apresentar o meu trabalho a especialistas e também de interagir com eles para retirar alguns conhecimentos valiosos das suas carreiras!

Desde os projectos de investigação na Crescent School, tenho tido a sorte de ter a oportunidade de continuar a trabalhar em investigação em hospitais universitários e com colegas de todas as idades (estudantes do ensino secundário, estudantes de licenciatura, estudantes de medicina/licenciatura, etc.). As competências e as lições que aprendi no meu liceu prepararam-me bem para o meu trabalho de investigação fora da escola e posicionaram-me bem para o sucesso.

Tenho orgulho em dizer que, como produto da experiência na Crescent School, consegui criar o Infinitas Research Group, um grupo de investigação que realiza estudos internacionais, com especial incidência na saúde pública. Consegui liderar a minha equipa na produção de mais de 50 manuscritos e na publicação de três livros até agora.

Pessoalmente, a experiência permitiu-me colaborar em muitos outros projectos de investigação e serviu de plataforma de lançamento para os meus últimos projectos na minha jovem carreira. Até à data, tive a oportunidade de participar em mais de 150 publicações com revisão por pares e apresentei o meu trabalho de investigação em conferências internacionais em Miami (EUA), Berlim (Alemanha), Copenhaga (Dinamarca), Hong Kong (China), Toronto (Canadá) e Washington DC (EUA). Tenho a certeza de que a experiência na Crescent School vai continuar a ajudar-me, à medida que embarco na minha jovem carreira.

Conclusões

As oportunidades oferecidas pela Crescent School para realizar investigação e publicar em revistas revistas por pares são extremamente benéficas para o crescimento dos alunos. Permite que os alunos trabalhem com os professores numa maior capacidade e aprendam mais do que o conhecimento da sala de aula. A oportunidade também leva os alunos a aderir a padrões de investigação internacionais, elevando assim o seu trabalho. Não há dúvida de que se trata de uma experiência memorável e benéfica, e outras escolas deveriam explorar a possibilidade de apoiar os seus alunos em iniciativas semelhantes.

Capítulo 10

O sucesso do aluno

Ronald Chow, BMSc(C), é membro da turma de 2016 da Crescent School, uma escola independente só para rapazes em Toronto, Ontário, Canadá. Durante o seu ano de licenciatura, publicou sete trabalhos de investigação na escola, para além de ter recebido muitos prémios durante o seu tempo na escola, tais como o Prémio de Ciências, o Prémio de Geografia, o Prémio de Francês, o Prémio de Matemática, o Troféu Osler (para um aluno da turma de licenciatura que tenha demonstrado um forte empenho e um elevado desempenho nas três principais áreas da vida escolar: académica, atletismo e actividades co-curriculares), o Prémio Top GPA durante vários anos e uma infinidade de distinções atléticas/extracurriculares.

Atualmente, depois de se formar na Crescent School, continua a ter um impacto na comunidade de investigação, como fundador e presidente do Infinitas Research Group, com sede em Londres, Ontário, Canadá. Com apenas 19 anos de idade, já tem mais de 160 publicações revistas por pares em seu nome.

Na Western University, em Londres, Ontário, Canadá, Ronald é o fundador e presidente da Associação de Estudantes de Eletivas Escolares, da Associação de Estudantes de Bolsas Ocidentais, da Associação de Estudantes WISE e do Clube de Segurança e Sensibilização para a Bicicleta. Também tem sido um elemento crucial na criação de muitos outros projectos novos e promissores. Foi reconhecido com o Prémio Futuro da Western e com o Prémio de Inovação da Universidade de Western Ontario como o líder mais bem sucedido dos estudantes universitários do primeiro ano nas áreas académica, governação estudantil, atletismo e filantropia.

Recebeu também o prémio Ontario Lieutenant Governor's Community Volunteer Award pelo voluntariado na sua comunidade, a Chancellor's Scholarship da Queen's University pelas suas excelentes capacidades académicas e de liderança, o George Eastman Young Leaders Award da Universidade de Rochester pela sua espantosa liderança e extensas actividades extracurriculares.

Printed by Books on Demand GmbH, Norderstedt / Germany